「超国家主義」

煩悶する青年とナショナリズム

中島岳志
takeshi nakajima

写真　頭山ゆう紀
yuhki touyama

筑摩書房

カラオ
AKIBA
国土交通省
東京国道事務所
万世橋出張所
SEGA

この先車の
通り抜けは
出来ません

超国家主義——煩悶する青年とナショナリズム

もくじ

第3章 不平等・革命・テロ

第4章 敗北のパトス

はじめに

戦前期の日本を席巻した超国家主義。戦後はファシズムや軍国主義の別名とされ、全否定されることを宿命づけられた。

超国家主義は危ない。徹底的に批判されなければならない。再生を許してはならない――。

その通りである。何の異論もない。

しかし、戦後という高みに立った頭ごなしの拒絶では、戦前期に超国家主義が拡大した理由に迫ることができない。戦前の日本人が、戦後の日本人よりも愚かだった訳ではない。超国家主義が浸透した背景には、時代が抱え込んだ切実な苦悩が存在したはずである。そこを素通りしてしまえば、超国家主義の本質を捉え損ねる。超国家主義を超克したことにはならない。

私たちは一貫して、超国家主義の葬り方を間違えてきたのではないか。超国家主義が内包する危うい魅力に肉薄し、そこに没入した人たちを内在的に批評する努力を怠ってきたのではないか。

超国家主義は、形態を変えつつ、現代社会に生き続けている。敗戦によってとどめを刺され、戦後民主主義の浸透によって再生不能となったかに思われているが、そんなことはない。超国家主義への渇望は、疼《うず》き続けている。

私たちは今一度、近代日本における超国家主義の起源にさかのぼり、その本質を捉え直す必要がある。超国家主義が当時の若者に渇望され、浸透した理由に迫らなければならない。そうしなければ、超国家主義は姿を変えて再起動する。

超国家主義はいかに生れ、いかに拡大し、いかに破綻したのか。

その生成と顚末を辿ることは、存在論的不安が拡大する現代社会において、意味がある。超国家主義の核心部分を把握しなければ、超国家主義を葬ることはできない。

＊引用文の仮名遣いは原文のままとし、原則として漢字は新字体に改めた。
難読漢字には適宜、読み仮名を振るようにした。

第１章

自然とユートピア

.1 北村透谷の死

政治と文学には、それぞれのトポスが存在する。

批評家の福田恆存《つねあり》は戦後間もない一九四七年に書いた「一匹と九十九匹と」の中で、「政治と文学とは本来相反する方向にむかふべきものであり、たがひにその混同を排しなければならない」と述べた［福田2009：321］。

政治は、「九十九匹」を救おうと様々な調整を試みる。国民から広く税を徴収し、社会的弱者に多くを再配分する。対立する勢力同士を調停し、安定した社会基盤を構築する。

しかし、政治は決定的な限界を有する。世界が平和を享受し、豊かな生活がもたらされても、どうしても救われない「一匹」が存在する。政治は環境を整備することはできる。しかし、人間が人間として抱える深い苦悩までも解決することはできない。

一方、文学は「一匹の失意と疑惑と苦痛と迷ひ」［福田2009：323］に肉薄する。政治からこぼれ落ちた「一匹」に手を差し伸べる。文学者は、その「一匹」を通じて、全人類を見つめる。

しかし、人はえてして百人すべてを救おうとする。全人類の完成された幸福を追求してしまう。すると、政治が政治の分限を放棄し、その先に存在する「一匹の心」を摑もうとする。迷える一匹までも、政治によって救済しようとする。そこに全体主義が現れる。

九十九匹の政治と一匹の文学。それぞれが自らの場所を見失った時、世界を一元化しようとする暴力が作動する。文学が政治化すると、人々は疎外から解放される夢を見る。政治が心を支配し、文学が権力をロマン化する。しかし、人間が不完全な動物である以上、世界がユートピア化されるはずがない。それは人間が人間である以上、不可能な命題である。

政治と文学の危うい共犯関係を、われわれは慎重に避けなければならない。政治と文学のトポスを確認しなければならない。しかし、政治に絶望し、文学に救済を求めた人間が、その文学にも見放された時、いったい何が起きるのか。文学からもこぼれ落ちた迷える一匹にとって、救済とは何なのか。

日本が近代を滑走する中、「富国強兵」「殖産興業」の物語から離脱した青年たちが「煩悶」を抱え始めた。追走することのできない青年が、一人荒野に立たされた。

――私の存在とは何か？　私の生命に意味があるのか？

そんな普遍的な問いが生じ始めた明治中期。その突端に北村透谷《とうこく》という青年が立っていた。「近代的自我に意識的だった最初の人」と言われる透谷。彼は、何に挫折し、何に絶望したのか。

＊

北村透谷は一八六八年、小田原に生まれた。この年は明治元年。明治国家と共に産声を上げたことになる。

透谷が四歳の時、両親は上京。彼は小田原の祖父母に預けられ、両親とは別居する幼少期を送った。

小田原の庶民は、まだ前近代の延長上に生きていた。生後間もなく小田原城は廃城となり、天守閣が取り壊されたものの、伝統ある商業の町としてのにぎわいは続いていた。江戸時代の気質を残す社会風土の中、透谷は戦闘遊戯にのめり込む活発な少年時代を過ごした。歴史小説を好んで読み、英雄にあこがれる毎日を送っていた。

九歳の時、祖父が病に倒れたため、両親が戻ってきた。両親が東京から持ち帰ったものは〈近代〉だった。透谷は不意に功利的価値観の洗礼を受けることになる。約五年ぶりの両親との生活は、それまでの伸びやかな生活が否定される息苦しいものとなった。

問題は、母親の性質と願望にあった。母は元来、「最も甚しき神経質の恐るべき人間」であり、息子に対して近代社会における立身出世を望んだ。母は透谷の士族的英雄へのあこがれを強く否定した。そして、勉学の妨げとなる戦闘遊戯を禁止し、歴史小説の読書を封印した。この母からの抑圧が、透谷の憂鬱を形成することになる。

透谷は、戦闘遊戯を共にしていた友人とのつながりを断たれた。伝統社会から遮断され、近代的な出世のレール上に乗せられた。透谷は反発した。母の望む功利的な世渡りに違和感を示し、逆に英雄願望を加速させた。

彼の関心は、当時興隆していた自由民権運動に向けられた。十二歳で両親と共に上京し、銀座の泰明小学校に入学。密かに政治家になることを志し、小学校の卒業式で「演説」を行った。これが「意外の好評」だったことから、透谷の政治熱は高まった。政治家志向は、近代的功利主義への抵抗でもあった。自由民権運動の志士的な義勇心は、前近代的な英雄願望の延長上にあった。

しかし、難関中学校への進学を望む母親は、透谷の「アンビション」（熱望）に理解を示さず、勉学に集中することを要求した。彼は漢学塾に入り、受験勉強に励むことを強制されたが、学校に馴染むことができず、不快感をため込んでいった。

結果、透谷は「気鬱病」に苛《さいな》まれ、心身ともに憔悴《しょうすい》していった。母親の望んだ「処世」は、透谷の抱いた「アンビション」を圧迫し続け、彼を絶望の淵に追いやった。透谷にとって、母の望む道は、明治国家のヴィジョンと軌を一にしているように見えた。彼はそれに背を向けた。藩閥政治を批判し、前近代的な壮士気質によって形成された自由民権運動は、透谷の反抗的気分を惹きつけた。透谷の抱いた自由民権運動への憧憬は、近代的で功利的な人間像への反発だった。

一八八三年九月、透谷は東京専門学校（現在の早稲田大学）政治科に入学した。そこで出会ったのが大矢正夫という友人だった。大矢は政治運動にのめり込んでおり、彼を通じて実際に自由民権運動との接点を持つようになった。

透谷はこのとき抱いた「アンビション」を次のように述べている。

> 憐む可き東洋の哀運を恢復す可き一個の大政治家となりて己れの一身を苦しめ万民の為め

に大に計る所あらんと熱心に企て起しけり〔石坂ミナ宛書簡草稿〕

透谷にとって「大政治家」になるという英雄願望は、近代への反撃そのものだった。そして、それは彼が抱え込んだ「気鬱病」を強引に乗り越える手段でもあった。「名利を貪らんとするの念慮」を捨て、英雄的ロマンに生きることこそ、彼にとっての救いだった。

一方で、当時の自由民権運動は沈静化の方向に向かっていた。一八八一年に「国会開設の詔《みことのり》」が出され、国会開設や憲法制定が具体的なスケジュールに乗ると、主流派の活動は政党創設という次の段階へと移行した。

これに不満を抱いたのが大井憲太郎をはじめとする急進派だった。彼らは政府からの弾圧に対して徹底抗戦の姿勢をとり、テロや武装蜂起を辞さない方向性を打ち出した。彼らは加波山事件や秩父事件に代表される「激化事件」を各地で起こしたが、指導者や参加者が相次いで逮捕され、勢力の弱体化が進んだ。

そのような中、朝鮮で甲申事変（一八八四年）が起こった。首謀者・金玉均は日本に亡命。急進的な自由民権運動家と接触し、朝鮮での革命運動へのサポートを要請した。これに呼応した大井健太郎は、資金調達のための強盗と朝鮮渡航を企て、秘密裏に非合法活動を展開した。のちに大阪事件として発覚し、関係者の一斉逮捕につながる騒動である。

大矢は、大井の企てに加勢した。大矢は同志とともに、資産家や役所の金庫の襲撃を図ったものの、事前に計画が発覚し、未遂に終わった。同志を拡大したい大矢は、透谷にも計画への参加を持ちかけた。

透谷は怯《ひる》んだ。大矢と行動を共にすると、犯罪に手を染めることになる。場合によっては罪なき人を殺《あや》め、自らも命を落とすかもしれない。発覚すれば、逮捕は免れないだろう。ロマンには、大きな危険と代償が伴う。大矢に呼応すべきか、否か――。

透谷は悩んだ。そして、苦慮の末、要請を断り、自由民権運動から離脱した。

盟友との決別は、政治への挫折を意味していた。透谷は裏切りの意識を強く持ち、自責の念に苛まれたが、「俺は卑怯な人間だから命はまだとっておく」と言い放ち、政治家の夢を断念した。

ここから透谷の逃避が始まった。彼は友人を裏切ったことへの「疾《やま》しさ」や「うしろめたさ」「臆病」「未練」に苛まれると同時に、「アンビション」や「ロマン」の崩壊による自己喪失に陥った。友情と展望の崩壊は、彼から立つべき足場を奪い、暗黒の中に追いやった。先を見通せない不安の中、彼は気鬱病を発症させ、二年近い放蕩生活を送ることとなった。

そのような中で、十九歳の透谷の生をつなぎとめたのが恋愛だった。

一八八七年夏、十九歳の透谷はクリスチャンの石坂ミナに恋心を抱いた。しかし、彼女は高嶺の花だった。「真神の庭に生長する葡萄の美果」であるミナに対し、自分は「凡夫の一疾病者」に過ぎない。聖なるミナに惹かれれば惹かれるほど、自己のみすぼらしさに直面した。しかし、愛の感情を抑えることはできなかった。どうすればいいのか。

透谷の心は揺れた。

ここで横やりが入る。ミナの母親が、娘にアプローチする透谷を警戒し、ミナには許婚者《いいなずけ》がいることを告げた。

透谷は、諦めるしかなかった。彼はミナを介して出会ったキリスト教に接近することで、ミナへの愛を断ち切ろうとした。一八八八年三月、透谷は数寄屋橋教会で洗礼を受け入会。神という超越的存在へと開かれることで、心の平穏を保とうとした。

しかし、愛は止まらなかった。透谷は激しく葛藤した。神への帰依によってミナへの想いを断ったにもかかわらず、「情」や「欲」に抵抗し切ることができない。自然と湧き上がってくる感情を抑えることができない。この「自然」をどう扱えばいいのか。「自然」を抑制することなどできるのだろうか。

ここで透谷の発想が転換する。本来、自然は神の賜物《たまもの》である。つまり「自然の力」は「神の力」である。だとすれば、自然の感情を押し殺すのではなく、自然に随順することこそ、神の道なのではないか。神は愛を否定していない。むしろ、愛という自然に身をゆだねることこそが、神への帰依につながるのではないか。

そう考えた透谷は、再びミナに接近する。そして、遂に愛を成就させ、ミナとの結婚にこぎつけた。

ここに自然への回帰が成し遂げられた、ように思えた。〈聖なるもの〉と〈俗なるもの〉は

「愛」によって融合され、一元的な世界が現前する。そう思えた。

しかし、透谷は楽観の中に一抹の不安を抱えていた。彼は教会になじむことができず、教会メンバーへの違和感を抱えていた。宗教によって、すべての問題が解決するわけではない。信仰は完全なる救済をもたらさない。社会の中で生きることの苦悩は、依然として残存する。この不安への直感が、透谷を宗教家の道ではなく、文学者の道へと導いた。

彼は一八八九年四月、『楚囚之詩』を自費出版。出版直後に後悔し自ら回収したものの、一八九一年には詩集『蓬萊曲』を自費出版し、文筆家としての生活を開始した。一八九二年に評論「厭世詩家と女性」を『女学雑誌』に発表。近代的な恋愛観に基づく恋愛至上主義を表明し、話題となった。

透谷にとっての文学は、「我の力の及ばぬ世界」を感受し表現することにあった。「自然」は無垢なる存在であり、その治癒力を表現することが自らの使命である。自然は神の産物であり、自然に内包された世界と生命を描くことこそ信仰の表現である。そう考えた。

一八九三年五月には「内部生命論」を書き、「宇宙の精神即ち神なるもの」に肉薄しようとした。あらゆる生命は、神の存在を前提としている。「私」という単独の自我が存在するのではない。私の「内部」は、常に神という「外部」によって動かされている。神なき自我など存在しない。神という超越が、「内部の生命」をつかさどっている。

だから、神の発見が、内面の発見に直結する。逆に言えば、内面の動きを捉えることは、神の動きを感じることである。人間の「インスピレーション」は、「宇宙の精神」を感受する「内部の生命」の働きに他ならない。

ここにはワーズワスやエマーソンの自然観からの影響が見られる。自然との調和というロマン主義的な世界観が、透谷の文学を構成している。

しかし、透谷の繊細な精神は、ロマン主義の中に留まることを許さなかった。評論「厭世詩家と女性」では、「想世界」と「実世界」という二分法を設定し、「想世界」は必然的に「実世界」に負けると表現している。「想世界」は「宇宙の精神」に包まれた神秘の世界であり、「実世界」はあざとい駆け引きが横行する世俗世界である。私たちは「実世界」から逃れることができない。世俗の人間関係にまみれて生きていくしかない。

透谷は「想世界の敗将をして立籠らしむる牙城」を「恋愛」に見出した。「恋愛」こそが、「宇宙の精神」の動きであり、「神」の働きである。「恋愛」という「内部の生命」の中に生きることこそ、「想世界」の最後の砦である。

しかし、いくら愛の中に立て籠もっても、目の前には「実世界」が広がる。「実世界」から完全に隔絶されて生きることはできない。現実から完全に逃避することはできない。

透谷には人間関係の深い苦悩が存在した。彼はどうしても教会組織との折り合いがうまくつかず、一八九三年四月、ミナと共に麻布クリスチャン教会へ転会した。しかし、ここでも世俗的な揉め事に絡め取られ、厭世感を強める結果となった。さらに、文壇での付き合いにも辟易《へきえき》することが多く、「実世界」に憔悴して行った。

同年八月、透谷は東京を後にし、国府津《こうづ》へ転居した。教会と文壇から遠ざかりたいという衝動によるものだった。しかし、この逃避によって、彼は収入の道を失い、生活難に陥った。諍《いさか》い、トラブル、収入減……。

「実世界の私」は「想世界の自然」にどうしても同一化できなかった。国府津は、東京よりも自然に近かった。しかし、自然に近づけば近づくほど、自然との距離を突きつけられる。東京から離れれば離れるほど、実世界から逃避できない現実を突きつけられる。この出口のない閉塞の中、透谷は立ち往生した。そして、再び絶望の淵をさまようようになり、心のバランスを崩していった。

同年十二月、透谷は精神の異常が高じ、東京に戻ることになった。しかし、自然からの疎外は加速し、取り残された「私」が顕在化した。

透谷は「想世界」と「実世界」の一元化する世界の不可能性に直面した。その時、彼は生きることの情熱を手放した。十二月二十八日、彼は自宅で自殺未遂をおこし東京病院に入院。一命を取り留めたものの、生きる意欲は回復しなかった。

年が明けて一八九四年一月。元の住み慣れた自宅に病院から戻った。現在、その場所には東京タワーが建っている。

透谷がここで筆をとることはなかった。「我が事終われり」として、五月十六日、自宅の庭で自殺した。享年二十六だった。

＊

透谷は文学にも見放された。彼は「一匹の論理」でも救われない一匹だった。その場所に、生の希望は存在しなかった。生きることにおいて、文学は無力だった。

では、いったいそんな一匹を、誰が救うと言うのか。最後の一匹は、自殺するしか方法がないのか？

ここに危ない政治が忍び寄ってくる。最後の「一匹の心」を摑もうとする全体主義が近づいてくる。「私」は政治共同体に没入することによって、「私」の救済を図る。「我」が「我々」に同一化するところで、「我」は他者の苦悩から解放される。一切のわだかまりのない世界。疎外のない世界。そんな政治ユートピアが希求される。

――「九十九匹の論理」の一匹化と「一匹の論理」の九十九匹化。

ここに超国家主義の魅力が立ち現われる。超国家主義は、近代特有の煩悶の中から生まれてくる。内面の問題に苦悩する近代的主体のよりどころとして顕在化する。

しかし、透谷はその手前でとどまった。透谷は政治に向かって逆走することはなかった。ただ、そこに安楽の場所はなく、死だけが残されていた。

超国家主義の起源はどこにあるのか。

その探索の入り口に私たちは立っているが、その前にもう一人、救われない煩悶青年を見ておく必要がある。

.2 藤村操の「不可解」

一九〇三年五月二十二日、十六歳の若者が華厳の滝に身を投げた。藤村操《みさお》。当時、第一高等学校に通う学生だった。

彼は一見、闊達なエリート青年だった。ボート漕ぎを楽しみ、家族を愛する若者だった。そんな彼が姿を消したのは、五月二十一日の朝。いつものように学校へ登校するように見せかけて、その足で上野駅に向かい、日光への列車に乗り込んだ。

自殺への決意は固まっていた。当日の朝には、自室の机の引き出しの中に「この蓋をあけよ」と書いた杉の小箱を置いてきた。中には家族と友人にあてた記念品を入れ、借用中の本のリストを添えた。

日光に着いた藤村は、街道沿いの小西旅館に投宿した。そして、一歩も旅館の外に出ず、家族や知人に向けた手紙を書いた。

翌朝、午前五時ごろに食事を済ませ外出。途中まで人力車に乗り、その先は華厳の滝に向けて山道を歩き始めた。

滝の落ち口に到着した藤村は、家から持ってきたナイフで巨樹の幹を削った。そして、硯《すずり》と墨

を取り出し、太い唐筆で「巌頭之感《がんとうのかん》」と題した文章を書いた。

ここで彼は「万有の真相は唯だ一言にして悉す、曰く『不可解』」と記した。そして、死を前にして「胸中何等の不安あるなし」と吐露し、「始めて知る、大なる悲観は大なる楽観に一致するを」と綴った。

藤村は、大地に蝙蝠傘《こうもりがさ》を刺した。そして、激しく落下する急流の中に、飛び込んだ。

この自殺事件は、世間で大きな話題となった。新聞・雑誌が次々に取り上げ、彼の遺文を紹介した。特に騒動に火をつけたのは、『萬朝報《よろずちょうほう》』の黒岩涙香《るいこう》。彼は「少年哲学者を弔す」と題した文章を発表し、「此の少年に於て初めて哲学者を見る」と礼讃した。

これによって、藤村の後追いをする若き自殺者が相次いだ。藤村の苦悩に共鳴する煩悶青年の存在が、可視化されたのである。

時は一九〇三年。日露戦争を翌年に控える中、若者たちは既成の国家の物語から毀《こぼ》れ始めていた。


藤村の煩悶は、死の約一年前から始まった。

一九〇三年八月に刊行された雑誌『政教時報』（一〇三号）に、「故藤村操君の手簡」と題された文章が掲載されている。書いたのは南木性海。藤村の親友だ。彼は藤村の死後、その原因をめぐって解釈が錯綜する中、藤村からの書簡を公開することで「彼をして彼自身を語らしめんと」

した。『政教時報』の出版元は大日本仏教徒同盟会。求道《きゅうどう》学舎を主宰する仏教僧・近角常観《ちかずみじょうかん》が刊行していた雑誌である。藤村は求道学舎を訪れ、近角の講話を聴いていた可能性がある。

藤村は死の七カ月前、銚子への旅の感想を南木に書き送っている。そこで藤村は「ドウモ悲観に陥り易くて困る」「ドウモ相変らずの煩悶子であつて困る」と嘆き、その出口を探っている。そんなとき、目の前に現れたのが一人の灯台守だった。犬吠埼の灯台守は、熱心なクリスチャンだった。藤村は心を動かされ、次のように書いている。

成る程此灯台に住して常に不可思議の自然に接するもの、自然宗教心を起さゞるを得ないのであらう。

藤村は「Nature. の偉大に驚き、Creator. の魔力に嘆ずるのである」とも書いている。彼が旅先で発見したのは「自然」だった。人間の力や意思を超越した自然こそが、必然的に人を信仰に導くと考えた。

しかし、自分には信仰がよくわからない。超越者の存在をリアルに感じることができない。日々の生活で感じるのは、悲しみと虚無ばかり。「信仰を有せざる」が故に、悲観に包まれる。

藤村は懐疑の中にあった。理想と現実の衝突は回避できるのか？　倫理とは何か？　道義とは何か？　時間とは何か？　審美とは何か？　存在とは何か？

僕は此頃懐疑に陥つて居るのである、僕の脳は今や大破壊を行つて居るのである。

年末、苦悩はさらに深まった。藤村の懐疑は、当然、自己への懐疑につながった。当初は、その虚無感を凡庸な俗世への憤慨に回収していた。しかし、問いが深まれば深まるほど、問いは自己に向かった。出口は見えない。問いは問いを生む。そのループが永遠に続く。すると、今度は自己の問いに自己が耐えきれなくなる。気力が続かない。

藤村は、自己の弱さに苛立ち、沈鬱の中に落ち込んだ。そんな時、藤村は強く影響を受けてきた人物の死を知る。高山樗牛《たかやまちょぎゅう》だ。

> 昨日高山博士が愈々他界の鬼となつた、君よ、兎に角彼は偉大だらう！　君！　病的かも知れぬ、奇矯かも知れぬが、何にせよ其Influence.は大きかつたね！

藤村は、樗牛に惹かれた。その主張は「病的」で「奇矯」かもしれないが、藤村にとっては、偉大な存在だった。

懐疑に陥り、自己の弱さに落ち込み、樗牛の死に打ちのめされた藤村は、年明け早々、一泊だけの短い旅に出た。行き先は三浦半島。そこで、彼は少し「健康に向いて来た」。それは「僕の感情の対象に自然なる大なるものが入つて来た」からだった。

虚無に代わって彼を包んだのは、「自然の美」だった。偉大な自然と自己をつなぐものは、そこに存在する「美」だった。そして、その「美」こそが、人生における「愛」だと思えた。

自然は隔絶しているが故に、我を包む。自然は外部であると同時に、内部である。この弁証法的同一性の中に、愛が生まれる。人は自己とまったく同じものを愛さない。しかし、自己とまったく異なるものも愛せない。自己と異なりながらも、一致するもの。差異と同一性の絶対矛盾の間に生まれるものが、愛である。そして、愛は美と共にやってくる。

藤村は、美学を研究すれば、「美」と「愛」の根源を探ることができると考えた。その発想の背景には、おそらく美学の探求に心を奪われた樗牛からの影響があったのだろう。

しかし、彼の心は晴れなかった。この年の冬は、よく雪が降った。彼は空を見上げながら、「僕の心も此空模様に似たるかな」と嘆いた。

冬は、確実に終わり、春はいつもやってくる。ただし、季節は心と一致しない。四月になっても藤村の煩悶は消えなかった。

彼は「相変らず懐疑にあつて不愉快」になり、ペシミズムに苛まれた。勉強が手に付かない。運動もやりたくない。スポーツに熱中するような「動物」と、「一所になるのがいやだ」と思った。

そんな中、彼の心を唯一救ったのは、やはり「自然」だった。

何もかもいやでいやで仕方がないと云ふ有様である此間にすきなものは、永劫の不変の自然と云ふ奴である。

藤村は、机の上に「山ぶき」や「躑躅《つつじ》」などを生けた。ワーズワスの「Nature never did betray the heart that loved her.」（自然は決して自然を愛する心を裏切らない。）という詩の文句が、「唯一の慰め」となった。

そして、その十二日後、彼は日光に向かった。華厳の滝は中学生の時に行き、心動かされた「自然」だった。

滝口に立った時、「大なる悲観は大なる楽観に一致」した。人生の「不可解」は、「不可思議な自然」に包まれた。

水と人は同じ速度で落ちる。彼は流れの中に溶け込み、自然に溶け込んだ。

藤村の死体が見つかったのは、四十二日後のことだった。顔は、彼とは判別できないほど腐敗していた。

.3 最後の高山樗牛

鎌倉・長谷寺。

あじさいで有名なこの寺は、花の季節になると観光客で溢れる。「鎌倉の西方極楽浄土」といわれる回遊式庭園は、普段の静寂を失い、場違いな喧騒に包まれる。

よく整備された石段を登り、山の中腹に差しかかると、本尊・十一面観音菩薩像を安置する観音堂がある。髪をなでる風の方向にふと目をやると、眼前に由比ガ浜が広がる。

明治期、この長谷寺の境内で、死の間際の時間を過ごした言論人がいた。高山樗牛。一八九〇年代から一九〇〇年代初頭の論壇を牽引した人物である。

一八七一年に山形県鶴岡で生を享けた樗牛は、早熟だった。十六歳で仙台の第二高等中学校に入学すると文学に目覚め、人生の悲しみを表現した。彼は世俗的な富・名誉の追求を嫌悪し、立身出世に背を向けた。

明治の初期。エリート青年たちの物語は自明だった。

――末は博士か大臣か。

そう言われた時代の青年にとって、国家は人生と密着していた。自己実現は国家目標と軌を一にしていた。しかし、樗牛の青春は時代を追いかけなかった。彼は学校の成績ばかりを気にする同級生を蔑《さげす》み、孤独な煩悶を続けた。この静かな一人旅が、彼を時代の先駆者に引き上げた。のちに樗牛は、北村透谷らと並んで、煩悶青年の先駆けと見なされるようになる。

一八九一年、二十歳の樗牛は「文学及び人生」という文章を書き、次のように綴った。

何ぞや、文学は啻に吾人の性行風格を修成するのみならず、此の紛々たる俗界より吾人を抜いて、真に自然と同化せしむるものなるを信ずればなり。真理と共に其「善」を理会し、其「善」を理会すると共に、其「美」を感応する能力を吾人に与ふるものなるを信ずればなり。［高山1926：2］

若き樗牛にとって、文学とは自らの存在を俗界から引き離し、「自然と同化せしむるもの」であった。そして、文学による自然との同化は、真善美の獲得につながった。

樗牛は言う。

文学は、吾人に与ふるに同情同感の霊性を以てし、以て理想界と此の世界とを連結し、吾人の幸福をして円満完了ならしむるなり。［高山1926：3］

文学は、理想界と現世の媒介である。文学によって、世界は理想に達し、自己は幸福に包まれる。文学の言葉が起動する時、霊性が作動する。文学が世界を捉えるとき、万物は真に存在し、そこに美が宿る。人は美に埋没し、自然と同化する。

樗牛は、この論考を次のように締めくくる。

ウォーヅウォース言はずや、「若し吾れ自然の美を理解する能はずんば、寧ろ異教者となりて魔神の海より上るを見ん」と。［高山1926：7］

北村透谷や藤村操と同様、自然賛美のロマン派詩人・ワーズワスは、明治期の悩める青年の心の拠《よ》り所だった。樗牛にとってワーズワスの文学は、美と霊性を生み出し、自然との一体化に導く救済的存在だった。

二高を卒業した樗牛は、東京帝国大学に入学し哲学を専攻する。

樗牛は大学で進化論と出会った。彼は、進化論こそ自然の法則であると考えた。自然は未来に向けて進化している。自然の一部である人間も、その法則に従って進化し続けている。人間は自然に包摂されることによって、理想に近づく。自然と一体化することによって、世界は理想郷と化す。

樗牛にとって進化論は希望であり、生きる支柱だった。彼は宇宙に「万有発達」の法則を見出すことで、心に沈澱していた厭世観を乗り越えようとした。

樗牛は大学卒業後、母校である二高の教授に就任した。しかし、高ぶる思いは満たされない。彼は約半年で退職し、再び上京。博文館に就職し、雑誌『太陽』の編集主幹に就任した。

樗牛はここで華々しい活躍を見せる。彼はすでに大学時代に小説『瀧口入道』を発表し、その文才に注目が集まっていた。言論の場を与えられた彼は、まさに水を得た魚だった。彼は幅広い批評・評論を執筆し、一躍、論壇の寵児《ちょうじ》となった。

時代は日清戦争直後。高まるナショナリズムの中、樗牛は背を向けてきた国家の存在に注目し、次第に自ら日本主義を掲げるようになっていった。

なぜ、文学に心酔した樗牛が、国家に意味を見出したのか。それは、国家が個人を「主我的境地」から救い出してくれると考えたからだった。

人は自我を手にした時、孤独を知る。言葉は世界を分節し、自己を自然から切り離す。人は一人になり、主我的になる。自我がすべての中心となり、利己的存在へと変貌する。他者はあくまでも他者であって、自己と分有するものはない。結果、個人はアトム化され、自然から分離される。人は自ずと理想から遠ざかる。人は自然の法則から意思的に疎外される。

自然と一体化することはできない。世界から孤立し、不安が加速する。何とかしなければならない。目と鼻の先に、自殺が待ち構えている。

何とかして「主我的境地」からの脱却を図らなければならない。どうすればいいのか。

樗牛の答えは、国家の中に自己を見出すというものだった。人は国家と結合することによって、利己的立場から脱却することができる。国家を媒介とすることで他者と結びつき、世界と結合する。自己は孤独から解放され、自然へと接近する。

> 日本主義は、是の故に国祖を崇拝して常に建国の抱負を奉体せむことを務む。我が国民は公明快闊の人民なり。有為進取の人民なり。退嬰保守と憂鬱悲哀とは其の性に非ざるなり。是に於てか、日本主義は光明を旨とし、生々を尚《とうと》ぶ。是に於てか、夫の退譲を重じ、禁欲を訓《おし》へ、厭世無為を鼓吹するもろ〳〵の教義を排斥す。億兆一姓に出で、上下其の心を一にし、内に臨みては棣萼《ていがく》相親しみ、外に対しては毎《つね》に国威を拡張して、古来未だ曾て外侮を受けず、是れ我が国民の万邦に冠絶せる所なり。是を以て日本主義は、平時にありて武備を懈《おこた》らず、愈〻国民的団結を強固にせむことを務む。［高山1927：334-335］

億兆が一体となり、心を一つにする。国家は、人を主我的な場所から救出し、厭世観から脱却させる。樗牛は、そう考えた。

かつての彼は、若き煩悶によって、国家を遠ざけた。国家の物語を否定し、立身出世を拒絶することが、真に人生を引き受けることだと考えた。

しかし、樗牛は急旋回する。彼は一転して、自ら国家を求めた。その言葉は熱烈だった。そこには国家を客体化し拒絶した上で、あえて主体的に選択する意思が存在した。この国家観は、新しかった。樗牛にとっての国家は、どこまでも再帰的な存在だった。

ここに煩悶と接続する新しいタイプの国家主義が誕生する。国家は自我を融解し、青年を苦悩から解放する。人々は国家を媒体としてつながり、心を共にする。自己と国家が一致することによって、自己の救済が実現する。「私」というナイーブな煩悶が、自己を超えた存在との一体化によって救済される。国家が再帰的に希求される。

このような国家主義は、常に不安定な精神と密着していた。病による生の不安を抱えていた樗牛は、一八九七年に書いた「わがそでの記」の中で次のように述べている。

> 如何なる星の下に生れけむ、われや世にも心よわき者なるかな。暗《やみ》にこがるるわが胸は、風にも雨にも心して、果敢《はか》なき思をこらすなり。（中略）吾がこゝろはとこしへに癒えざるべく傷つけられき。［高山1931：281–282］

彼の憂鬱な悲嘆は、「強さ」への執着を加速させた。彼は病への感傷を深めれば深めるほど、激烈な日本主義を鼓舞していった。当時の樗牛は、宗教に対して否定的な立場をとった。それは、宗教が現世から逃避する厭世的存在と見なされたからだった。彼はあくまでも手触りのある国家に自己の解放を求め、日本主義を鼓舞した。

一九〇〇年、樗牛は文部省から海外留学の命を受けた。帰国後の京都帝国大学教授就任の内定を受けた彼は、意気揚々と出国の準備に取り掛かった。今度は、国家が彼を求めたのである。しかし、出発直前の八月八日に吐血し、入院を余儀なくされた。やむなく渡航を延期すると、東京を離れ、興津《おきつ》・大磯で療養生活を送った。早期の回復を願い、治療に努めたものの、翌一九〇一年三月、最終的に「洋行」を断念するに至り、意気消沈した。

六月に入ると、彼の中で変化が現れてくる。これまで退けてきた宗教を見つめ直し、「大なる信仰の頼るべきものがあったらば」と思うようになった[高山1933：705]。ドイツに留学中の親友・姉崎正治《まさはる》に宛てた書簡では、次のように述べている。

> 此頃の僕の精神には、此の一両年の間に醪醸し来つたかとも思はれる一種の変調が現はれて来た。人は病的と謂ふかも知れぬ、又自分でも境遇、健康等の為に然るのかとも思はれるが、併し僕は僕の精神の自然の発展と外《ほか》信じ得られない。僕は此の変化を明瞭に君に知らせることが近い内に出来るだらうと信ずるが、要するにロマンチシズムの臭味を帯びて居る一種の個人主義たることは争はれない。（中略）僕は宗教に関しても少からず考へた。曾ては一種の反感を以て迎へたが、今では如何なる宗教に対しても少くとも同情を以て見る迄になつた。[高山1933：714]

樗牛は日本主義に対しても「満足の出来ぬ様になつた」と述べ、宗教への関心とともに「ロマンチシズムの臭味を帯びて居る一種の個人主義」への「一種の変調」を表明している。彼がいう「個人主義」は、単なる「個の自由や権利の擁護」ではなく、自己の内在的解放が宇宙全体との一体化によってもたらされるとする宗教論である。「私」の幸福は、世界全体の幸福と直結している。「私」と「宇宙」が密着しない限り、疎外からの解放は成就しない。

この直後の八月、『太陽』に掲載された「美的生活を論ず」では、「本能の絶対的価値」を礼賛し、道徳や知識に対する優位を説いた。樗牛にとって、本能は宇宙の壮大な自然と直結していた。そこには賢《さか》しらな計らいは存在せず、無心の「美」が現れていた。道徳や知識は意識の産物であり、どうしても世俗的な思惑が介在する。偽善に基づく「虚偽の生活」が生成する。本能は子供が母を慕う行為に見られるように、「渾然として理義の解析を容れざる」もので、計らいを超越している［高山1927：766］。

美的生活は、人性本然の要求を満足する所に存するを以て、生活其れ自らに於て既に絶対の価値を有す。［高山1927：770］

同年一月には「文明批評家としての文学者」と題した論考の中でニーチェを紹介しているが、そこでニーチェに見出したものも、「永劫回帰」に至る「超人」の宇宙論的価値に他ならなかった。彼は病との苦闘の中で本能への随順を志向し、自然と一体化する「美的生活」を希求した。世俗的な「出世」「地位」「名誉」の可能性を断たれ、生命の力が日に日に衰える中、彼は絶対的価値の希求を強めていった。

そのような時に出会ったのが田中智学の論理であり、日蓮の教えであった。一九〇一年五月、立正安国会（のちの国柱会）を主宰する宗教家・田中智学は、『宗門之維新』を出版した。この本は日蓮宗の宗門改革のあり方を論じたものであるが、射程は広く、世界全体を救済する構想を提示していた。

智学は次のように言う。

> 本化ノ妙宗ハ、宗門ノ為メノ宗門ニ非ズシテ、天下国家ノ為メノ宗門也、即チ日本国家ノ応サニ護持スベキ宗旨ニシテ、亦未来ニ於ケル宇内人類ノ必然同帰スベキ、一大事因縁ノ至法也。
> 此大事縁ヲ宣伝センガ為メニ、日蓮聖祖ハ吾日本国ニ垂化シタマヘリ、此大ナル願業ヲ継紹貫通センヿ《こと》ヲ目的トシテ『本化妙宗』ハ建ラレタリ。［田中1901：2］

智学の見るところ、日蓮は真理を実現するために日本に「垂化」し、「本化妙宗《ほんげみようしゅう》」（日蓮宗）を創設した。日本は妙宗を体現し、世界に広める役割がある。「霊的国家タル日本国」には妙宗を四海に公布し、世界統一を果たす使命がある。

智学曰く、日蓮は「一宗門祖」にとどまる存在ではなく「日本国ノ霊元タリ世界最後ノ教主」である。日蓮の教えに回帰し宗門を「改造」することは、日本国家の「改造」と直結し、世界全体の「改造」へと発展して行く。「宗門之維新」によって「霊的国家タル日本」が現前し、世界統一の道筋が示される［田中1901：4-8］。

智学は「侵略的態度」の重要性を説く。

何ヲカ『侵略的態度』ト謂フ、曰ク、宗教及ビ世間ノ諸ノ邪思惟邪建立ヲ破シテ、本仏ノ妙道実智タル法華経能詮所詮ノ理教ヲ以テ、人類ノ思想ト目的トヲ統一スル『願業』コレ也。人類ヲ一妙道ニ帰セシムルニハ、先ヅ一ノ大勢力ヲ事上ニ建立セザルベカラズ、吸収力ナカルベカラズ、打撃力ナカルベカラズ、綏撫《すいぶ》力ナカルベカラズ、即チ真正着実ナル統一ノ機軸ナカルベカラザル也［田中1901：15-16］

彼は日蓮を「世界統一軍ノ大元帥」に例え、日本帝国を「大本営」と見なす。日本国民はその「天兵」であり、日蓮宗の学者・教家は「将校士官」である。日本は「本化妙宗」を国教化することで「出征準備」を整える。世界に向けて「侵略的態度」をとり、日本による人類の統一をなし遂げなければならない。「法華的侵略」こそが「天地ノ公道」である。

日本国ハ正シク宇内ヲ霊的ニ統一スベキ天職ヲ有ス、（中略）日本ヲシテ宇内ヲ統一セシメザルベカラズ、日本ヲシテ終ニ永ク宇宙人類ノ霊的巨鎮タラシメザルベカラザル也、幷ハ宇内ノ廓清ノ為ニ！　人類ヲ救ハンガ為ニ！［田中1901：17‒18］

智学は対話的な「摂受《しょうじゅ》」を否定し、侵略的な「折伏《しゃくぶく》」の実行を訴える。彼は「摂受」を「不吉ナル『病的宗是』」とし、「折伏」こそが「健全清擁ナル『宗是』」だと述べる。ここでは「病」というメタファーが使用されていることに注目する必要があるだろう。彼は強引な「法華折伏」によって、退廃主義や厭世主義に覆われた世界を救出し、「病」からの躍動的回復をなし遂げる必要性を強調した。

『宗門之維新』は、当初、宗門内部の「日蓮宗宗会に向けて」書かれたもので、一般社会で注目する人は皆無だった。宗門内部でも評価は芳しくなく、「これは架空な創造で一種の小説である」と批評する者もあった［田中1938：82‒83］。

落胆した智学は、「もう一ぺん世の中に公に問ふといふことについて、再びこれを出版して其の再版を天下有識の士に頒つといふことにしたいと考へ」た。すると、大阪の資産家・食満《けま》貞二が「何うか先生の思召だけの部数を私につくらして下さい」と申し出たため、約千部を増刷し、「約七八百ばかりこれと思ふ人のところに出した」［田中1938：83］。その送付先の中に樗牛が含まれていた。

その時に随分知名の士をそれだけ選んでやツたんだが、だん〳〵やツて居る中に、その人名を調査して高山樗牛君が出て来た、此奴《こいつ》こそ何んか難くせをつけるだらう、何《ど》うしましようといツたが、難くせをつけるやうな奴には遣《や》るが宜《よ》からうといツて遣ることになツた［田中1938：83–84］

一九〇一年九月中旬に『宗門之維新』を受け取った樗牛は、一読して深い感銘を受けた。彼は「著者が熱烈なる精神の上に及ぼせる日蓮上人の勢力を想ひて、深く心に感ずるところあり」、日蓮に対する強い関心を抱いた。以前にも日蓮の文章を読み、好奇心を動かされたことがあったが、「未だ仏教の教理に通ぜず」、関心は持続しなかった［高山1931：469–470］。

樗牛が日蓮に関心をもった理由は、「文字の雄壮にして語路の豪快なる」ことにあった。このアグレッシブな力強さが、智学の文章を通じて、病に臥《ふ》せる樗牛を奮い立たせた。彼は日蓮を研究する必要性を感じ、「是の偉人の組織的研究を思ひ立」った［高山1931：469–470］。

大磯での療養生活に「厭《あ》き厭き」していた樗牛は、同年六月頃から鎌倉への引っ越しを計画していた［高山1933：705–727］。その折に『宗門之維新』を読み、日蓮ゆかりの地であり、智学の居住地でもある鎌倉への移住を決意した。

鎌倉は日蓮の生涯に於て最も重大なる紀念を留めたるの地、其の遺跡に対すれば追懐の想念おのづから新なるべく、孚応の感化亦其の間に現はれむ。且つ是の地は予に「宗門の維新」を寄せたる田中氏の住する処、未だ一面識なしと雖も、若し告ぐるに情を以てせば、必ず予が研究に対して有益なる指導を与へらるゝならむと。［高山1931：470-471］

十月初旬に鎌倉に引っ越すと、『太陽』十一月号に「田中智学氏の『宗門之維新』」を掲載し、智学を絶賛した。樗牛が『宗門之維新』を評価するのは、智学が「妙法による世界統一」を主張する点にあったが、より重視されたのは理想実現のための「侵略的態度」にあった。

樗牛は言う。

田中氏が二十年来、内外の障礙に抵抗して終始其の主義を枉げず、断々乎として益〻其の侵略的態度を拡張するの一事は、少くとも其の教祖の偉大なる精神に感孚《かんぷ》せる所ありと謂ふべし。吾人深く其の志を壮とし、其の行を偉とす。其の文章亦彷彿として高祖遺文の流韻を伝へたるが如き、亦吾人の欽羨《きんせん》に堪へざる所也。［高山1927：831］

樗牛が強調するのは、日蓮を継承しようとする智学の「猛烈」な「意気」である。宗教界が沈滞し、「萎微衰弱を極め」ているのに対し、智学の侵略主義は生命力に充《み》ち溢れている。その激しい「折伏」の主張は、「大理想」に向かって突き進もうとする覇気を高揚させる。

其の意気の猛烈なる、其の抱負の高大なる、其の理想の深遠なる、而して其の文章の雄偉なる、吾人は以て近時宗教界の一大文字なりと賞讃するの、決して溢美に非ざるを信ずる也。(中略)萎微衰弱を極めたる今の宗教界に於て、敢て日蓮の後身を以て自任するもの、著者の如きあるは、吾人の甚だ喜ぶ所也。[高山1927:829-830]。

病弱な樗牛は、智学の文章から「意気」と「理想」を獲得した。彼は日蓮研究に着手することに意を決し、書籍を取り寄せた。そして、智学と面会し、教えを乞うこととした。

樗牛は智学の住まいを訪ねた。智学は「何か理窟をいひに来たらう」と思い、戸惑ったものの、「何でもいゝから会ツてみよう」と決め、客間に通した。しかし、予想とは異なり、樗牛の態度は丁重で、「先生の御指導を仰ぎたい」というものだった[田中1938:84-85]。智学は「当時一ぱん評論壇上の問題人」で「満目環視の中に立ツてゐる利け者」の好意的反応に歓喜し、「私の力の許す限りは御相談相手になりませう」と迎え入れた[田中1938:85-88]。

此の「宗門之維新」といふ本は、空矢が七八百本もあツたんだが、その中で高山といふ金《きん》

的《てき》一つを打ちあてたといふことによツて、一千部近い施本《せほん》は全く無益《むだ》でなかツた［田中1938：85］

これが「宗門之維新」を全国の有識者に配ツた反響の、最も純にして最も大なるものである。［田中1937a：218］

二人が対面した部屋には、三保の松原を描いた襖絵があった。それは清水の龍華寺《りゅうげじ》から見た風景画で、富士山が前面に描かれていた。これを見た樗牛が「イヤ、こゝにも『宗門之維新』がありますナ」と言うと、智学が「さうだ、これが未来の本門戒壇だ」と答えた［田中1937：216］。のちに樗牛は龍華寺に自らの墓を置き、智学は三保に国柱会本部を置く。
智学は言う。

私からその富士を何うして此んなに用ゐるかといふことについての意味、日蓮主義の世界統一観、即ち富士を以て中心地点とするといふことの説明を聞いて感激し、それから彼はいろいろの文章にもそれを表した。［田中1938：98］

樗牛は智学から『高祖遺文録』『日蓮大士真実伝』『法華経宗義抄』などの書籍を借用すると、

日蓮研究に没入した。直後の十一月三日には、井上哲次郎に対し次のような書簡を送っている。

日蓮上人六伝記幷に高祖遺文録卅巻は、過日来大なる趣味を以て読了、殊に開目抄、種々御振舞抄等之諸篇に於て、感激、夜眠《ねぶり》を成さず候ひき。是人《このひと》こそ独り鎌倉時代ノ偉人なるのみならず、本邦稀有之大才なるべきかと愚考仕り、猶其人物を一層深く了得せむが為、法華経読誦罷《まかりあり》在候。［高山1933：735–736］

また十一月十五日に姉崎正治に送った書簡では、自らを「敗亡の身」「屈辱の身」「無念の身」と表現しながら、その「煩悶」を日蓮の信仰によって乗り越えようとする様子が綴られている［高山1933：737–747］。十二月二十日の笹川種郎《たねお》宛書簡では、日蓮を「日本第一の偉人」とした上で、「日本二千五百年史中是人に於て、始めて崇拝的英雄に遭遇せしの感あり」と、自らの思いを吐露している［高山1933：757］。智学とは面会を繰り返し、書簡をやり取りしながら日蓮研究を進めた。

樗牛は研究成果として、矢継ぎ早に日蓮論を発表した。翌〇二年四月に『太陽』に掲載した「日蓮上人とは如何なる人ぞ」では、日蓮が上行《じょうぎょう》菩薩の「化身」であることを論じ、その自覚の上に立った日蓮の「事業」を礼賛している。日蓮の活動は「日本歴史の壮観としてのみならず、又実に人類永遠の史上に於ける一大事実として伝へらるべきもの也」として、日蓮を世界的な救世主とみなしている。論考の末尾では田中智学と弟子の山川智応から「有益なる注意を与へられた」旨を記し、両者に「感謝」の意を述べている。樗牛の日蓮理解が、智学の影響下で構成されたことがわかる［姉崎・山川1913：24-53］。

六月には「日蓮上人と日本国」を『太陽』に発表し、日蓮と国家の関係について言及した。樗牛によると、日蓮は国家主義的言説をくり返したものの、「今日の所謂る忠君愛国主義」には「反対」の立場だったという［高山1931：510］。

日蓮が支持する国家には条件がある。それは正しい信仰が行きわたり、「法によりて浄められたる国土」であることだった。妙法がないがしろにされた国家は、「真正の国家」ではない。「今日の所謂る忠君愛国主義」は、国家の内実を問わないナショナリズムであり、受け入れることはできない。「生を此土に受けたるが故に、是の国を思ふと謂ふが如きは、極めて浅薄なる愛国者と謂はざるべからず」［高山1931：512-513］。

日蓮の国家主義は「理想上の意味に解す」必要がある。真理が行き届いた理想上の国家でなければ、国家主義の立場をとることはできない。真理は常に国家よりも偉大で、逆はあり得ない。

樗牛は言う。

法は其の対境として国と人とを要す。然れども、如何なる国も如何なる人も、悉く皆法の対境たり得べきに非ず。悪国は膺懲せざるべからず。悪人は戒化せざるべからず。是の如くにして適法の国と人とを造る、毫も怪むべきに非ず。日蓮は真理の為に国家を認む、国家の為に真理を認めたるに非ず。彼れにとりて真理は常に国家よりも大也。是れを以て彼は真理の為には国家の滅亡を是認せり。否、是の如くにして滅亡せる国家が、滅亡によりて再生すべしとは、彼れの動かすべからざる信念なりし也。蒙古襲来に対する彼れの態度の如き、亦実に是の超国家的大理想に本く。[高山1931：512]

ここに日蓮主義に基づく「超国家的大理想」が構想される。樗牛が捉えた日蓮は、現実の国家に対する改革者であり、反逆者であった。実現すべきは国家を超えた理想世界であり、真理が世界を包摂することだった。そのため真理から逸脱した国家は「滅亡」すべきであり、そこから「再生」することによって「法」を取り戻すことが目指された。

日蓮は、当時の日本国家に対して厳しい態度を取った。日本は誤った「謗法《ほうぼう》」に墜しており、早急に真理を取り戻す必要があった。しかし、多くは日蓮の警告を無視し、誤謬に包まれた国家を是とした。その時、日本は蒙古襲来という危機に直面した。日蓮は蒙古を「外敵の仮面を被ぶれる仏陀の遠征軍」と見なした。真理から逸脱した日本国家に対して、「仏陀」が警告を与えるために遣わしたのが蒙古軍であり、日本には破壊からの再生が必要だった[高山1931：519]。

彼が二十余年の間呼号し来りたる真理の声に目覚めざる謗法の国民は、是の遠征軍の剣に流るべき自己の血潮を以て、自ら浄めざるを得ざる也。是の如くにして国は或は亡びなむ、民は或は殺されなむ。唯〻真理の光是れによりて輝き、妙経の功徳、新国土を光被するを得ば、又恨む所なかるべき也。[高山1931：519]

樗牛にとって、日蓮は「謗法の国土に墜し」た日本を打破し、真理に包まれた国家を再建しようとする改革者だった。そして、その認識は自分こそが「上行菩薩」という自覚によって支えられた。七月三日の姉崎宛書簡では、「僕は日蓮に於て其の信念の為に国家をも犠牲とする偉大なるイゴイストを観た」と述べている[高山1933：794]。ここで日蓮をエゴイストと表現しているのは、前述の「個人主義」の表明と呼応する。樗牛にとってのエゴイズムや個人主義は、真理の実現による個の絶対的救済を希求する心性であり、時に具体的な国家や社会への反逆となることを意味していた。

樗牛が捉えた日蓮は、国家を超えた真理を実現しようとする「超国家主義者」だった。真理を踏み外し「謗法」に陥った国家は「滅亡」すべき運命にあった。真正の国家は、宇宙の法に則り、真理に包まれた存在でなければならなかった。国家はあくまでも真理を敷衍するための手段であり、目的そのものではなかった。最終的な「大理想」は、真理が国家を超えて人類全体に行きわたることであり（＝「此土即寂光」）、日本には理想を実現する役割があるとされた。それは日本が〈上行菩薩の化身＝日蓮〉を生んだ霊的国家だからであり、日本は世界に対して形而上学的な使命を有していると見なされた。

ここに真正の国家を求める「国家主義」が、国家を超える「超国家主義」へと接続する回路が確立される。樗牛にとって、この〈超国家主義的な国家主義〉は、「今日の所謂る忠君愛国主義」とは別物である。彼が日蓮を通じて獲得した国家主義は、現実の国家に対して、時に「滅亡」を迫るような否定的側面を包含していた。「謗法」に陥った国家は、根本的に改造され、再生しなければならない。変革が完了し、理想を体現した（妙法に包まれた）国家は、次に国家を超えて世界を統一し、救済する使命を持っている。真の国家主義者は、理想の国家を追求するが故に、「超国家的」にならざるを得ない。

こうして樗牛の思想は、智学が提示した日蓮像からの感化を通じて、〈国家改造↓理想国家の確立↓世界統一↓絶対的救済の成立〉という進化論的な構想へと収斂していった。この理想主義の背景には、深刻な病による挫折と煩悶があり、宇宙全体と一体化したいという生命主義的希求が存在した。

樗牛は日蓮研究を完成させたのち、ドイツ語で日蓮思想を説く構想を練った。彼は智学に対して、次のように語ったという。

此の研究を完成したら、先づ第一に独逸語《ドイツ》を以て之れを書いて、そして独逸其の他の世界の大学に送ツて日蓮を研究すべきことを教へてやる、西洋人からいろ〳〵のものを此方《こっち》が教へられた、或はニイチエを彼によツて受け入れ、或はバイロンを彼によツて受け入れ、或はカントだ、ヘーゲルだ、又はシエークスピアだの、彼からいろ〳〵のものを教へられた、それらの返礼としても、彼に此の日蓮聖人を贈ることは、実に大した釣銭《つり》の来るほどの贈りものである、それから今の日本人は西洋人が騒ぎ出すと、爾《そ》うか知らんといツて急に坐り直す風があるからして、日本語で書いてあるよりは独逸文で書いて学界の盟主たる独逸を先《ま》づ動かさう［田中1938：100］

さらに樗牛は、智学に対して日本の帝国大学に日蓮主義の講座を開設すべきことを提案した。樗牛は洋行を断念した直後の一九〇一年五月に東京帝国大学講師を任命され、「本邦美術史」を講じていたが、一年で解任された。しかし、彼は東京帝大との人脈を使い、文科大学学長の井上哲次郎に要望する意向を述べた。そして、「若し創設した暁に、これを引受ける人がなくては困る、今日のところでは先生をおいて人がないから、さうなツた暁には此の講座をお引受け下さいますか、どうでせう」と智学に依頼した［田中1938：116–117］。

これに対して、智学は次のように答えたという。

若《も》しさういふ場合になれば、これを学界に提出するといふ準備はこれまで宗門にはない、宗門は宗門だけの中《うち》で宗学的にはあツたが、これを世間の学界に提出するといふ準備は未だないから、若し爾《そ》うなれば私もその心算《つもり》で準備して、そして君の希望にかなふやうに微力を注がう、何よりも国家の為なり宗門の為なり、骨折り甲斐のあることだからその点はたしかに承知した［田中1938：117］

智学は帝大での講座開設に向けて、「万一それが成立する時には、私情をなげうツて大学に於ける日蓮主義の講座を引きうけよう、若しそれが成立しないとしても先づ組織的に日蓮主義の教理学説を立てゝおかう」と考えた。彼は「高山の希望に促されて」、宗学の体系化に着手した［田中1938：117-118］。これが一九〇四年から一九一〇年にかけて刊行された『本化妙宗式目講義録』となり、のちの国柱会の宗学の柱となった。

しかし、樗牛の病は悪化の一途をたどり、十月二十四日には平塚の杏雲堂医院に入院した。十一月四日には田中智学と山川智応が見舞ったものの、容体は回復せず、十二月二十四日に死去した。

.4 田中智学と富士山

駿河湾に突きだした三保半島。羽衣伝説で知られる三保《みほ》の松原と美しい砂浜が広がる。海の向こうには富士山。今でも日本有数の景勝地として、観光客が集まる。

一九〇九年、突如この海岸線に城のような巨大建築が出現した。名前は「最勝閣《さいしょうかく》」。日蓮主義団体・立正安国会（のちの国柱会）の本部だ。

最勝閣を建てたのは田中智学。彼は世界統一の夢実現のため、三保の地を選び、拠点を置いた。彼にとって、富士山は特別な意味を持っていた。

智学は一八六一年、江戸日本橋に生まれた。父は強い尊王精神の持ち主で、日蓮宗の信者だった。しかし、子供のころに相次いで両親が他界。八歳の時に寺に預けられ、得度した。

宗教生活に入った智学だったが、若くして日蓮宗の堕落に憤りを感じ、宗門改革に乗り出した。一八八〇年に蓮華会を結成し、一八八四年には立正安国会を設立して、在家仏教運動を拡大した。この団体は一九一四年に改称し、国柱会へと発展する。

智学は、国体と仏法の融合を図り、独自の世界観を構築していく。彼は、「仏法即国体」という枠組みを確立するために、仏教の教えを記紀神話の中に読み込んだ。その結果、「妙法」の日

徐行

本的現れこそ「天照大神」であり、インド的現れが「釈迦牟尼仏」とする解釈が生まれる。「天照大神」と「仏」の一体化を強引に導いたのである。

また、彼は「転輪聖王《てんりんじょうおう》」と「賢王」という概念に注目する。転輪聖王とは仏典に登場する古代インドにおける理想的帝王で、武力を用いることなく世の中を平定し、世界統一を成し遂げるとされる。また、賢王とは日蓮遺文に登場する権力者で、本化の仏法によって愚王を降伏させる。

智学は、この両者を同一視した上で、さらに天皇との一体化を説く。『法華経』では末法の世に四菩薩が出現し、法華の教えを世に広めるとされるが、智学は四菩薩のうちの「上行菩薩」も天皇であると見なし、神聖視する。ここに上行菩薩・転輪聖王・賢王が、日本の天皇として顕在化するというアクロバティックなヴィジョンが提示される。

智学は、この構想に基づいて世界統一を目指す。まずは宗門を維新し、日蓮が説いた本来の教えに回帰する。次にその教えを一般社会に拡大し、政教一致の「王仏冥合《おうぶつみょうごう》」「法国冥合」を確立する。そして、天皇が日蓮宗に帰依し、日蓮仏法の国教化が成し遂げられる。戒律を受けるための「国立戒壇」が設立され、天皇が「戒壇願主」となる。あとは、「一天四海皆帰妙法」を目指し、「上行菩薩」たる天皇が「八紘一宇《はっこういちう》」の世界統一に導く。そんな大胆な構想が示された。ちなみに「日蓮主義」も「国立戒壇」も「八紘一宇」も、智学が作り出したオリジナルの概念だった。

智学は本気だった。信者の拡大により、資金も集まった。高山樗牛をはじめ、知識人にも広く浸透した。もう、クライマックスの時は近い。世界統一に備えなければならない。

智学は「国立戒壇」の設立準備に取り掛かることにした。時は明治の末。彼は場所探しに着手した。

この時、重視したのが、日蓮が書いたとされる『三大秘法抄』の文言だった。そこには「霊山浄土に似たらん最勝の地を尋ねて戒壇を建立すべき者か、時を待つべきのみ」とあり、一二六九年には富士山に登って自筆の法華経を埋めたとされる。

智学は確信した。富士山こそが「最勝の地」であり「国立戒壇」の場所である――。

東京は「帝都」、伊勢は「神都」、そして富士山は「宗都」。この「宗都」は、日本だけの都ではない。世界各地から「帝王であれ大統領であれ、皆本門戒壇を踏んで、先づ霊的接渉を保ツて、法華経の正義、日本国体の洗礼を受けに来なければならない地点だ」[田中1937b：73]。

世界から富士山を目指して、「帝王」や「大統領」がやってくる。世界中から、要人が押し寄せる。世界統一の中心地となる。そのためには富士山周辺のどこを選ぶべきか。「国立戒壇」にふさわしい場所はどこか。


それは飛行機で飛んで来ても汽車で来てもいゝが、世界各国を操縦するとしては一路平安最も都合のいゝのは海だ、こゝに於いてか海の国日本といふことを閑却してはならない、さうすると世界中の戒壇参詣の人が公式に集まるとすれば、先づ国々の代表船舶が寄ツて来る、帝王が来れば帝王の坐乗した船、その他一国の代表者の乗ツて来る船といふものが集るから、直ちに戒壇に接触した所でなければならぬ、それは何だといふと、即ち富士に抱かれて富士を抱いて居る景勝の地たる駿河湾、これが世界の何れの所から来ようとも一ばん都合がいゝ。
[田中1937b：73]

場所は駿河湾周辺に決まった。では、駿河湾のどこが最適なのか。

智学が目を付けたのは三保の地だった。三保は海越しに富士山が見える。周囲の山は、まるで中央の王様に帯同する后《きさき》や家来のように聳える。「正装した富士、これが富士を理想化して、朝々夕々自分の願業行意を練るといふ上に於いては、一ばん三保がいゝ」［田中1937b：78］。

智学の心は躍った。目の前の富士山には日蓮の「お筆」が埋まっている。毎日、そのことを思い、未来の戒壇を構想しつつ約束に生きれば、念願の成就のために「全身の力を注」ぐことができる。夢に向かって全力で突き進むことができる［田中1937b：76］。

彼は早速、三保に向かった。

最初は三保の松原に近い展望のいい場所を探した。散策していると、最適の場所が見つかった。土地もよく値段も手ごろだった。しかし、そこから富士山を眺めると、眼下に荒れ地が広がっていた。地元の人に尋ねると、貝島《かいじま》という不毛の地区で、長年、放置されているという。

智学の頭に不安がよぎった。

――もし、ここに「将来何か変な建物が出来」たらどうしよう。工場のようなものが乱立したらどうしよう。「折角清浄に向ふの富士を観望するのに、直ぐ目の前に汚点を印することになる」。「我我の理想を打ち壊《ぶ》すやうな建物が出来たら富士の観望が二束三文になる」。そうなると、すべては台無しだ［田中1937b：79-80］。

智学は、貝島に降りて行った。確かに荒れ地だった。畑にもならない酷い場所だった。しかし、目の前には海が広がり、富士山を遮るものは何もなかった。「観望」に文句はない。

「これはいゝ、こゝを一つ買はう」［田中1937b：81］

智学は即決した。そして村人に頼み、一斉清掃を行った。余分なものはすべて焼き払い、窪地には土を入れた。すると「忽ちにして清浄無垢の地面になツてしまツた」［田中1937b：82］。

智学は、大阪本部の建物を移築することにした。蒸気船を一艘買い取り、城郭のような建物を分解して海路で運ばせた。そして、瞬く間に三保の地に再建し、「最勝閣」と名付けた。日蓮の「最勝の地」という文言から採った名称だ。

一九〇九年七月八日。

最勝閣の建設に先立って、盛大な地鎮祭が行われた。

予ハ発願人トシテ、無限ノ感慨ト無窮ノ希望トヲ懐イテ、式壇ニ上リ、天ニ叫ンデ「禱詞」一章ヲ朗読シタ、ソレヨリ二三ノ祝辞アリテ後、再ビ予ハ登壇シテ本化妙宗ノ万歳ヲ開

唱シタ、一同コレニ和シテ、天ヲ動カシ海伯ヲ驚カスノ大喝采ニテ式ヲ終ツタ。［田中1937b：85-86］

この日は大雨だった。しかし、式が始まると雨は上がり、雲が消えた。すると、数日間、全く姿を見せなかった富士山が、眼前に現れた。式場は歓喜に包まれた。智学は心の中で叫んだ。

感応ダ、感応ダ、感応ニ相違ナイ、（中略）我等ノ叫ビハ正《まさ》シク天ニトヾイタ。［田中1937b：86］

智学は、富士山が参列しに来たと思った。富士山が祝福していると思った。もう間違いない。ここが「最勝の地」だ。国立戒壇が出現する場所だ。

彼は富士山を眺め、世界統一の中心となる日を夢見た。約束の場所に立ち、約束の日の到来を確信した。

しかし、である。

それから約二五年後、思いもよらない事態が進行した。あろうことか、眼前の海の埋め立てが始まったのだ。

これは隣接する清水港の開発計画に伴うもので、貝島地区が対象となった。遠浅の砂浜は一気に埋め立てられ、海岸ははるか先になった。しかも、埋め立て地には大規模な工場を誘致するという。

智学は愕然とした。目の前が工場地帯になってしまえば、富士山は醜悪な建物に隠れてしまう。せっかくの風致が台無しになってしまう。

　唯一無二の目標として目ざした富士がさういう風になツてしまへば、最勝閣としてはこれ致命傷だ。［田中1937b：97］

智学の夢は、あっけなく破綻した。もうこんな所にいても「何にもならない」。「目的の全部が潰滅してしまツた」［田中1937b：97］。彼は本部の移転を決断した。また富士山の見える場所に移ることも考えたが、三保以上の景勝地は見つからなかった。結局、教団の普及を考え、帝都・東京に行くことになった。宗都構想は瓦解した。

貝島の埋め立て地には、今も無機質な工場地帯が広がる。そして、コンクリートで固められた風景の向こう側に、何も変わらない富士山が鎮座する。

.5 宮澤賢治と「どこまでだって行ける切符」

JR鶯谷駅前に「ダンスホール新世紀」がある。かつて各地にあったダンスホールは、時代の趨勢とともに消滅していき、今でも営業する店は数少ない。「新世紀」は都内有数の老舗で、映画「Shall we ダンス?」の舞台モデルともなった。

そこに一歩、足を踏み入れると、別世界が広がる。色鮮やかなドレスを、ライトが照らす。生バンドの演奏が、甘美な世界へと誘う。そこは非現実的なユートピアか、はたまた超現実的な官能世界か。

この場所に、かつて日蓮主義を主導した国柱会の会館があった。「国柱会館」が完成したのは一九一八年四月。静岡県三保の本部に対して、帝都・東京での活動拠点として建てられた。

一九一九年初頭、ここを当時二十二歳の宮澤賢治が訪れた。彼は、二十五分ほど国柱会指導者・田中智学の話を聞いた。

十八歳の時に、島地《しまじ》大等《だいとう》の『漢和対照妙法蓮華経』を読んで震えるほどの感動を覚えた賢治は、法華経の世界観に魅了された。そして国柱会に出会い、傾倒していった。

国柱会に入会したのは、翌一九二〇年の秋。信行部員となり、十界曼荼羅《じっかいまんだら》を授与された。賢治はそれを部屋に掛け、毎日、階下に響く声で読経した。彼は、親友・保阪嘉内《かない》に書いた手紙で、次のように言う。

国柱会信行部に入会致しました。即ち最早私の身命は日蓮聖人の御物です。従って今や私は田中智学先生の御命令の中に丈あるのです。（中略）田中先生に　妙法が実にはっきり働いてゐるのを私は感じ私は信じ私は仰ぎ私は嘆じ　今や日蓮聖人に従ひ奉る様に田中先生に絶対に服従致します。御命令さへあれば私はシベリアの凍原にも支那の内地にも参ります。乃至東京で国柱会館の下足番をも致します。それで一生をも終ります。（一九二〇年十二月二日、保阪嘉内宛て書簡）

賢治の信仰は熱狂的だった。寒さが厳しい十二月には、寒修行と称して花巻の町を、題目を唱えながら歩いた。世間の目が怖かった。羞恥心も湧いた。しかし、「燃える計りの悦びの息」を止めることはできず、恍惚の中、町中を練り歩いた（一九二一年一月中旬、保阪嘉内宛て書簡）。

実家は熱心な浄土真宗の家庭だった。父は賢治の入信に顔をしかめ、時に激しくぶつかった。賢治は、次第に家にいることが苦痛になった。

年が明けて一九二一年一月二十三日。

実家で火鉢に当たっていると、棚の上から智学の著書が落ち、背中にあたった。

――「さあもう今だ。今夜だ。」

時計を見ると夕方の四時半。上野行きの汽車は五時十二分。賢治は急いで本尊の曼荼羅と智学の本を風呂敷に包み、洋傘一本を持って家を出た。そして、汽車に乗り、一路東京へ向かった。翌日、上野駅に到着すると、賢治は鶯谷の国柱会館に直行した。そして、懇願した。

「私は昨年御入会を許されました岩手県の宮沢と申すものでございますが今度家の帰正を願ふ為に俄かにこちらに参りました。どうか下足番でもビラ張りでも何でも致しますからこちらでお使ひ下さいますまいか。」(一九二一年一月三十日、関徳弥宛て書簡)

教団幹部の高知尾智耀《たかちおちよう》が出てきた。彼は賢治の話を聞き、まずは親戚の家にでも落ち着くよう促した。国柱会に住み込んで活動に従事しようと考えていた賢治は、深く落胆した。しかし、「別段ご用が無いならば仕事なんどは私で探します」と言い、「度々上って御指導を戴きたいと存じます」と言い残して国柱会館を後にした(一九二一年一月三十日、関徳弥宛て書簡)。

賢治は一泊だけ親類の家に宿泊し、翌日、本郷菊坂に下宿を定めた。そして、東京帝大赤門前の文信社に就職し、筆耕の仕事についた。

賢治の仕事は午前中のみ。午後は夜の十時まで国柱会館で「会員事務」を手伝った。高知尾は賢治に「法華文学の創作」を勧めた。賢治はこれに応え、約半年の間に三千枚もの原稿を書いた。

彼は言う。「さあこゝで種を蒔きますぞ」（一九二一年一月三十日、関徳弥宛て書簡）。「これからの宗教は芸術です。これからの芸術は宗教です」（一九二一年七月十三日、関徳弥宛て書簡）。賢治は、盛んに保阪を国柱会に誘った。しかし、なかなか満足のいく返事を得られなかった。すると、国柱会が発行する『天業民報』の購読を強く勧めた。

緑よ緑よ燃ゆる熱悩の涯無き沙漠今し清涼鬱蒼の泉地と変ぜよ　焦慮悶乱憂悲苦悩総て輝く法悦と変ぜよ。至心に願ひ上げます　どうか世界の光栄天業民報をばご覧下さい（一九二一年二月十八日、保阪嘉内宛て書簡）。

『天業民報』は一九二〇年九月十二日創刊で、緑の紙の新聞だった。国柱会にとって「緑色」には独自の意味があった。「創刊の辞」では、緑色を「希望の色、蘇生の色で、日本国体の意気、日蓮主義の標色」とし、賢治も「萌え出でんとする緑色の「天業民報」」と言った。

賢治の家出は、長くは続かなかった。八月中旬、妹トシが発病したことを契機に、彼はトランク一杯の原稿を抱えて帰郷した。しかし、約二年後の一九二二年十一月、トシは亡くなってしまう。賢治は、押入に頭を突っ込んで号泣した。

賢治は、このころから代表作「銀河鉄道の夜」の執筆をはじめた。この作品は、第一次稿から第四次稿までが存在し、約十年間、改稿・加筆修正が続けられた。

物語のハイライトは、サウザンクロス（天上）を前にしたジョバンニとキリスト教青年の論争だ。青年が子供たちに降りる支度をするよう促すと、少年が「も少し汽車へ乗ってるんだよ」と駄々をこねる。青年が「こゝでおりなけぁいけないのです」と強く言うと、ジョバンニが「僕たちと一緒に乗って行かう。僕たちどこまでだって行ける切符持ってるんだ」と言う。女の子が「だけどあたしたちもうこゝで降りなけぁいけないのよ。こゝ天上へ行くとこなんだから」と返すと、ジョバンニは言う。

「天上へなんか行かなくたっていゝぢゃないか。ぼくたちこゝで天上よりももっといゝとこをこさえなけぁいけないって僕の先生が云ったよ」

ジョバンニは「天上」で降りない。彼は、「天上よりももっといゝとこ」を創造しなければいけないと言い、それを「僕の先生」の指示だと語る。

「僕の先生」とは、誰か。

おそらく念頭にあったのは田中智学だろう。智学は、法華経に基づく理想社会を日本に築き、のちに世界へ拡大させるべきことを主張した。彼は「娑婆即寂光」を唱え、世界の理想的統一を説いた。賢治にとって「みんなのほんたうのさいはひ」は、決して死後の世界に存在するのではない。それは地上の理想社会で獲得すべきものだった。

ジョバンニは、「ほんたうのさいはひ」を手に入れるために、「どこまでもどこまでも僕たち一諸に進んで行かう」とカンパネルラに言う。なぜならジョバンニは、「どこまでだって行ける切符」をもっているからだ。

この切符は、たまたま上着のポケットに入っていた。それは「四つに折ったはがきぐらゐの大さの緑いろの紙」で、「いちめん黒い唐草のやうな模様の中に、おかしな十ばかりの字を印刷したもの」だ。

切符を目にした車掌は、ジョバンニに言う。

「おや、こいつは大したもんですぜ。こいつはもう、ほんたうの天上へさへ行ける切符だ。天上どこぢゃない、どこでも勝手にあるける通行券です。こいつをお持ちになれぁ、なるほど、こんな不完全な幻想第四次の銀河鉄道なんか、どこまでも行ける筈でさあ、あなた方大したもんですね」

「天上どこぢゃない」「ほんたうの天上へさへ行ける切符」。それは緑色で、四つ折りにすると葉書ぐらいになる大きさだ。

賢治がジョバンニに持たせた切符は、『天業民報』と見て間違いない。「銀河鉄道の夜」の第一稿が書かれたころ、彼は知人にあてた書簡の中で「大きな勇気を出してすべてのいきもののほんたうの幸福をさがさなければいけない」と言い、「それはナムサダルマプフンダリカサスートラといふものである」と記している。緑色の切符に印刷された「おかしな十ばかりの字」とは、「南無妙法蓮華経」を意味する「ナムサダルマプフンダリカサスートラ」だろう。「どこまでだって行ける切符」は、国柱会の機関紙に他ならない。

賢治は一九三三年、三十七歳でこの世を去った。彼は臨終に際して、父に向かって国訳の法華経を出版し、それを知己の人々に配付することを懇願した。

賢治の法名（法諡《ほうし》）は「真金院三不日賢善男子」。これは国柱会から授与されたものだった。

.6 石原莞爾の楽園

地下鉄・都営新宿線の一之江《いちのえ》駅（東京都江戸川区）から徒歩十分のところに、現在の国柱会本部がある。ここには「妙宗大霊廟」という国柱会の共同墓地がある。落成は一九二八年。田中智学が発案し、建立が実現した。

智学にとって一之江は、若き日の発心《ほっしん》の地だった。晩年、彼は会員と共同で眠る「一塔合安」式の墓を構想し、一之江をその場所に選んだ。そして、自ら意匠を担当し、建築を指揮した。

「妙宗大霊廟」の中心には、「南無妙法蓮華経」と書かれた宝塔が聳える。『法華経』では、人間の境涯が十界に分けられ、そのすべてが題目によって真理に包まれるとされる。霊廟はこの十界《じっかい》をモチーフにデザインされた。宝塔は仏界《ぶっかい》を意味し、他の九界《くかい》を包摂する。納められた骨は、「南無妙法蓮華経」の光明に照らされ、一つに融合する。そこに自己と他者の区別は存在しない。どこまでもが自分で、どこまでもが他者。自己は外部との境界を失い、疎外から解放される。透明な共同体が現前する。

智学は言う。

入れてしまったら最後、もう誰の骨ということはわからない、すべてこれ一人の骨である。『南無妙法蓮華経』という一つの名一つの体に帰着し終るので、これが異体同心の実行形示である。［国柱会1984：177］

そこはまさに「寂光浄土」。あらゆる差異を超えた一体化が実現する。晩年の智学は、霊廟の建設によって理想社会を具現化しようとした。

この霊廟の壁面に一人の陸軍軍人の名前が刻まれている。石原莞爾《かんじ》。国柱会の熱心な信者だった彼は、霊廟創建時に造廟斡旋委員として活躍し、没後はここに納骨された。

石原が国柱会に入会したのは三十一歳の一九二〇年四月。人生論的煩悶を繰り返した石原は、様々な宗教遍歴を経て、日蓮の信仰に傾斜した。その支えになったのは高山樗牛。姉崎正治と山川智応がまとめた『高山樗牛と日蓮上人』（博文館、一九一三年）を熟読し、日蓮への信仰を確信した。

樗牛は智学の『宗門乃維新』を読み、日蓮を信奉するに至った人物である。石原は、必然的に智学の教えに接近し、世界統一の理想に心を奪われた。

『高山樗牛と日蓮上人』を手に入れたのは、一九二〇年二月三日。翌日の日記には、次のように記されている。

樗牛ノ日蓮ノ国家観ヲ見テ感ズル所アリ。所詮、徒ニ「日本人」タル私心ニ捉ハレタル精神ヲ以テシテハ到底、世界統一ノ天業ヲ完ウスル能ハザルナリ

石原は、それから約二カ月で国柱会に入会した。そして、その信仰は生涯続き、彼の行動原理となった。

入会直後の五月、中国の漢口に赴任することとなった。彼には前年に結婚したばかりの妻がいた。その名は銻《てい》。新婚早々、妻と離れて単身赴任生活を送ることを余儀なくされた。

漢口に着任した石原は、毎日、銻に手紙を書いた。妻を溺愛していた石原は、離れ離れになったことで、思いを加速化させた。その愛は日に日に膨張し、銻への熱烈なラブレターとなって現れた。そして、次第に銻との「合体」「完全結合」を希求し、信仰の共有を要求するに至った。

五月二十三日の手紙では、次のように言う。

> 銻ちゃんもほんとうに仏様を拝む様になりましたら、此《この》退転し易い私もどんなに心強くなる事でせう。よしや千里離れて居ませうが、万里隔てて居ませうが、真心で一心に本仏を拝み、それに合体出来ましたなら、其時こそ二人が完全に結合されて居るではありませぬか。
> [石原1985：13]

銻は温かい手紙を返し続けた。石原は、その手紙を何度も何度も読み返した。彼にとって、銻の手紙を復読することは、『法華経』を繰り返し読むことと同じだった。銻との交流は、勤行と合致した宗教的行為へと昇華した。

石原にとって、理想社会の実現は、世界の日蓮主義化によってもたらされるものだった。そのためにはまず日本全体が「南無妙法蓮華経」に帰依しなければならず、その前提には自らの家族が妙法化される必要があった。

彼は、銻に国柱会入会を強く迫った。しかし、銻はなかなか踏ん切りがつかなかった。国柱会本部で開かれる講習会への参加を促しても、銻は従わなかった。

石原の思いは、ますます肥大化していった。八月二日の手紙には、次のように記されている。

> 銻チャンノ無限ノ愛ニ浸リ得テ自ラノ凡テヲ捧ゲルコトヲ知リ得タ私ハ、初メテ本仏ニ対スル帰依ニ入リ得ル様ニナッタノデス。ソウシテ然シマタ本仏ニ対スル絶対ノ帰依ニヨリ、初メテホントウニ二人ハ同体トナレタノデス。（中略）南無妙法蓮華経ニヨッテ堅ク結ビ付ケラレタ二人ハ、宇宙法界間ノドンナ出来事ガアッテモ少シモビク付ク心配ハナイノデス。此処ニ最大ノ幸福ガ、此処カラ実《ホント》ウノ発奮ガ生レテ参リマス。南無妙法蓮華経。南無妙法蓮華経。銻チャンドウゾ一所ニ唱ヘテ下サイ。南無妙法蓮華経。［石原1985：84］

八月四日には「嗚呼世ノ中ニ最モ強イモノハ愛ノ力デス」と記し、「私ノ心ノ底迄モ銻チャンニ見ヘ透クコトヲ確信シマス」と、同体化による透明な関係の構築を迫った［石原1985：85］。

銻は、石原の思いに押し切られる形で、国柱会に入会した。その報告を受け、石原は号泣した。周りには「参謀」や「将校」がいたにもかかわらず、涙を止めることができなかった［石原1985：90］。

石原は、歓喜した。これで愛する妻との一体化が実現した。私の喜びは妻の喜びで、妻の悲しみは私の悲しみ。妻との間に、一切の隔たりは存在しない。よそよそしさなど、最早存在しえない。「心ノ心カラ「自分ノ体」トイフ気持チデ御互ヲ見」なければならない［石原1985：113］。

石原は、銻に会いたい気持ちを抑えきれなかった。一体化したはずの妻が、なぜそばにいないのか。同体の妻との間に、なぜ空間的隔たりがあるのか。

彼は、漢口へ来ることを懇願した。銻もその思いにこたえ、十月には漢口行の意思を伝えた。しかし、銻は逡巡した。日本を離れ、見知らぬ海外へ旅立つことに戸惑いがあったのだろう。一方で夫の思いは高揚している。熱烈な手紙が、毎日押し寄せる。どうすればいいのか。

銻の筆は止まった。彼女は欠かすことのなかった返信を放棄し、国柱会の行事への参加も怠った。

一方、石原には、とめどない不安が押し寄せた。なぜ、銻から手紙が来ないのか。銻は何を考えているのか。一つになったはずの心は、どこに行ったのか。

極度の不安に苛まれた石原は、何度も過去の手紙を読み返した。時に汽車に銻からの手紙が山積みされて届く夢を見た。郵便物が届く事務室に何度も足を運んだ。しかし、そこに手紙はなかった。彼は、そのたびに落胆し、絶望の淵に立たされた。

年が明けて一九二一年一月十三日。待ちに待った銻からの手紙が届いた。しかし、開封してみると、そこにはよそよそしい文章がつづられていた。

石原は混乱した。どうしていいかわからなかった。銻の心が全く読めなかった。

二人の危機は、世界の危機と直結した。二人の動揺は、世界の動揺だった。何だかわからない。どうしていいかわからない。

石原は自らの弱さに打ちのめされた。透明な世界が崩壊した。

しかし、混乱ばかりしてはいられない。彼は関係の徹底化を図るべく、再度、銻に対して漢口へ旅立つことを要求した。直接会って、一体となった心を回復する必要があった。

石原は、二月十五日までに漢口に来るよう迫った。翌日は日蓮の生誕日。どうしても二人で手を取り合って、本尊を拝みたかった。

銻は、あまりの熱意に圧倒され、覚悟を決めた。彼女は日本を出立し、夫のもとへ向かった。

石原はこの約十年後、満州事変を引き起こし、「王道楽土」「五族協和」を掲げた満州国建国を実現した。また、世界最終戦争による絶対平和の到来を説き、世界統一の理想を軍事的に追い求めた。

一九四〇年にまとめられた『最終戦争論』では、西洋の覇道と東洋の王道による最終戦争を予見し、天皇を盟主とする「八紘一宇」の世界統一を構想した。そこでは「日本国体の精神による信仰の統一」が実現し、「不老不死の夢」が叶うと説いた［石原2001：51-52］。

一九四九年に亡くなった石原の遺骨は、銻の手によって「妙宗大霊廟」に納められた。のちに銻の遺骨も霊廟に納められ、夫婦は一つに溶け合った。

一九八二年には、宮澤賢治の「遺形」（遺髪や遺爪などの遺品）も納められた。田中智学、石原莞爾と銻、そして宮澤賢治。

彼らは、「南無妙法蓮華経」の文字の下、自他の区別のつかない状態で眠っている。そこは彼らの希求した楽園なのか。

第2章
愛と恍惚の全体主義

.1 近角常観の体験主義

本郷の住宅地を歩いていると、突然、場違いな洋館が現れる。求道会館《きゅうどう》。浄土真宗大谷派の僧侶・近角常観が建てた仏教の教会堂である。

近代以降の本郷は東京帝国大学と第一高等学校の学生街として再編成され、旅館・下宿屋が建ち並んだ。ここでは若き俊英たちがしのぎを削り、切磋琢磨を繰り返した。その一方で、彼らの多くは根源的な問いにぶつかり、懊悩を深め、精神を擦り減らした。

日々の煩悶の中、学生たちは救いを求めてさまよった。しかし、その彷徨に容易な出口はなかった。自己の中に渦巻くエゴイズム・嫉妬・プライド……。善く生きようと思えば思うほど、自己の存在が醜く思えた。暗い徘徊は、どこまでも続いた。

そんな時、彼らを吸引していったのが求道会館だった。週末の日曜日になると、近角の講話会が開かれ、不安を抱える青年たちが集まった。近角は具体的な体験を重視し、生きる悩みと信仰の世界をつないだ。青年たちは、口々に自己の煩悶を語り、苦悩を吐露した。近角は親鸞の体験を語り、彼らの苦しみに寄り添った。個別の体験は、親鸞、そして仏陀を通じて普遍的な救済へと接続した。

――親鸞と仏陀の苦悩が、若者たちの苦悩を包む。近角が強い言葉で後押しする。会場の隅から、時折、嗚咽《おえつ》の声が聞こえた。

近角は一八七〇年、滋賀県東浅井郡朝日村の西源寺《さいげんじ》の長男として生を享けた。彼は宗門の育英教校に学び、のちに上京。一高を経て東京帝大哲学科に入学した。

成績優秀で、将来を嘱望された近角だったが、密かに苦悩を抱えていた。彼は宗門改革運動に参加し、同朋《どうぼう》の学生たちと活動を展開したが、次第に人間関係が拗《ねじ》れていった。近角は、仲間の連帯を保とうと努力した。しかし、東奔西走するほど、別の人間からは疎まれ、恨まれた。どうしても仲間たちの心が一つにまとまらなかった。

近角は憤った。これほど努力している人間を、なぜ退けるのか。なぜ、世界は自分の思う通りにならないのか。

この憤慨は、悪循環を引き起こす。彼は世界を恨み、人々を拒絶しはじめた。すると、仲間たちは更に近角を遠ざけた。

彼は絶望した。「世界中の人を、誰を見てもイヤになつて来た」［近角1905：18］。とにかく人と話しても、まったく面白くない。本を読んでも面白くない。

こうなると有《あり》とあらゆる悪い心は皆起つて来る。今まで仏教を喜んだのも何にもならん、

仏様も一向有り難くない、友人にも見離される、いかに愛読の書物でも一向味がない、総てのこと何を思ふても心を慰めることは出来ない。纔《わずか》に食ふたり飲んだりする上に少しばかりの味《あじわい》がある。そこで唯五官上に一時の楽を見出しつゝある物質的の人物になつて仕舞ふた。

［近角1905：19–20］

酒も飲んだ。気晴らしに大言壮語を繰り返した。精神が乱れるほど、孤独は加速した。「自分が死ぬことも何とも無い」［近角1905：20］と思った。

ある夜、彼は自殺しようと考えた。東京に出てきたときは、心は希望に満ち溢れ、意気揚々としていた。しかし、今の自分の醜悪な姿は何なのか。仏教の信仰に生きてきたはずなのに、心穏やかでないのはなぜなのか。こんな姿を、故郷の親はどう見るだろうか。

近角の自己嫌悪は頂点に達した。宗教家としての立場から、これまで自分は安心立命に達しているかのように語ってきた。しかし、それは偽りだった。人に対して打算的で冷淡な自己を罵った。

「汝は自殺するか、若くは破天荒の事を為すか、二者その一を擇ぶべしと叫んだが、其夜の苦悶の極であつた」［近角1905：23］。

彼は一旦、実家に戻った。しかし、心は晴れなかった。家族の者とは挨拶も交わさず、食事も黙って食べた。心配した親は厳しく叱咤し、時に優しく慰めたが、どうにもならなかった。

苦悶の頂上であつた。一ツの小座敷の中を足を爪《つ》ま立てゝキリ〲舞ふて居つた。［近角1905：28］

近角は、「真実の朋友がほしい」と強く思った。どんな時でも裏切らず、常に自己に寄り添い、慰め導いてくれる友人がほしいと願った。しかし、そんな都合のいい友人は、現実には存在しなかった。

近角は日夜、一心不乱に仏に祈ってみた。何かが打開されるかもしれないと期待した。苦悩の底で仏にすがった。しかし、何も起こらなかった。これまで何度も流した涙さえ、涸れてしまった。

ついに近角は、病に陥った。彼は地元の病院に入院し、手術を受けることになった。満身創痍だった。心も体も決壊状態だった。

約二週間で、彼は退院した。二日後、自動車に乗せられて、病院に傷口の消毒に行った。流れる風景を眺めながら、自分は「罪の塊」であり「極悪」の人間だと思った。生きていると言っても、死んだも同然だった。道に転がる石を眺めながら、自分は石と「余りかはりはない」と思った［近角1905：30］。

その帰りのことだった。近角は自動車の窓から空を眺めた。すると、なぜか瞬時に気が晴れてきた。

これまでは心が豆粒の如く小さであつたのが、此時《このとき》胸が大に開けて、白雲の間、青空《せいくう》の中に、吸ひ込まれる如く思はれた。［近角1905：30］

なぜかうれしかった。少し笑顔が戻った。家に帰ると、表情の変化を見た叔父が大喜びした。

彼は喜ばれる喜びを取り戻した。

近角は空を見つめながら、「真の朋友」を見つけたと思った。

その友とは、仏陀だった。人間の世界に真の友を求めたのは間違いだった。人間が人間である以上、絶対の関係は存在しない。人間はどこまでも不完全で、罪深い存在である。そんな人間同士が完全一致した社会など存在するわけがない。少し気持ちが離れると、相手の気持ちも同様に離れていく。相手を疑えば、相手も疑う。人生はそんな繰り返しである。なぜなら、人間はどこまでも煩悩具足の凡夫なのだから。

しかし、仏陀は違う。

仏陀は、此方が悪るければ悪いほど、いぢらしく思ふて下さる。此方が隔てれば隔てるほど、仏陀は胸を開いて迎へて下さる。此方が悪く思へば思ふほど、いよ〳〵善く遇して下さ

る。［近角1905：32］

近角は、仏陀こそ「真の朋友」だと確信した。それからというもの、彼はいつも胸に仏を感じるようになった。もう絶望しなくてもよい。どうしようもない自分には、仏が寄り添ってくれている。罪深い存在だからこそ、仏が包み込んでくれる。

近角の心は晴れた。ようやく東京に戻ることができる、と思った。

彼は復学すると、周囲の人に対して、懺悔話を率直に語った。そして、その吐露によって、超越的な絶対他力の導きを引き寄せた。

近角は、大学での観念的・思弁的な哲学を捨てた。大切なのは「体験」だった。信仰は観念ではなく、常に具体的な経験の上に成立するものだと考えた。だから、彼は積極的に自己の体験を語った。一八九九年一月からは『政教時報』に「静観録」を連載し、懺悔と体験の重要性を説いた。そして、共に仏陀を朋友とする者こそ、心と心で結ばれた宗教的同胞であると論じた。

仏陀の慈悲が全身に浸み渡つた、仏の光が胸の奥まで徹到《てつとう》したのである、我心は仏心に融かされた、実に同心の最大良友を得たのである、実に是れ我精神界の生命である、而して翻りてみれば真実の仏教信徒諸君は、何れも同じ仏心に融合されたのである、してみれば真に御互に同一仏心と交りたる同心一体の宗教的同胞である［近角1900：6–7］

近角は孤独から脱した。仏を絶対の友とすることで、世俗の友情が芽生えた。人間と人間は、直接的に同一化することはできない。しかし、仏心と融合することによって、他者と繋がることができる。自己の悪と弱さを直視し、その体験を語り合うことを通じて、同胞の絆は深まる。

近角は、語りの場が必要だと考えた。過去の自己と同様に、苦悩の底で死を見つめている人々がいるに違いないと思った。

彼は欧米留学後、三十二歳の一九〇二年に本郷区森川町に求道学舎を開設した。彼は若者たちと寝食をともにしながら、回心の体験を語り伝えた。そして、日曜日には講話を一般公開し、語りの場を構築した。

近角は、寄宿生が寝泊まりする求道学舎と共に、講話などを行う会館の建設を企画した。現存する求道会館が完成したのは一九一五年。近代日本を代表する建築家・武田五一《ごいち》の設計で、構想から十二年の時を経て落成した。以後、多くの煩悶青年が、会館の重厚な扉を開くことになる。

さて、求道学舎が開設されたばかりの一九〇二年。近角の日曜講話に通う青年がいた。三井甲之《こうし》。当時、一高の学生だった。

三井は、のちに蓑田胸喜《むねき》とともに雑誌『原理日本』を創刊し、帝大教授たちを糾弾する右翼思想家として猛威をふるうことになる。

若き三井の煩悶はいかに近角と呼応し、日本主義へと発展していったのか。なぜ、求道学舎から最も極端な超国家主義者が生まれたのか。

.2 三井甲之と日本原理主義

上野・寛永寺は、かつて巨大な権勢を誇った。その旧敷地は、現在の上野公園の大半を占め、江戸随一の規模を誇った。

寛永寺の歴代住職は、江戸時代を通じて皇族が務めた。元禄期の住職・公弁法親王《こうべんほっしんのう》は、「江戸のウグイスのさえずりはなまっている」と言い、京都からウグイスを運ばせた。このウグイスが繁殖し、一帯はいつしか「鶯谷」と呼ばれるようになった。

今はすっかりラブホテル街となり、かつての風光明媚な名所の面影は残っていない。しかし、明治期には風情ある街並みが続き、文人たちが多く居を構えた。その一人が正岡子規で、現在も旧宅跡に「子規庵」が建っている。

子規が切り開いた新しい創作世界は多くの人を魅了した。その一団の中に、雑誌『原理日本』を発行し、狂信的な日本主義を唱えた三井甲之《こうし》がいた。三井は一八八三年、山梨の生まれ。中学時代に子規の俳句に傾倒し、一九〇〇年に進学した第一高等学校では「俳句会」に参加した。

三井はどうしても子規に会いたかった。直接、子規に教えを受けたかった。しかし、子規は病床にあった。三井は子規庵を訪問しようと考えたが、その勇気がなかった。

子規庵
根岸二丁目
10

一九〇二年、憧れの子規は三十四歳でこの世を去ってしまった。三井は悲しみと後悔の中、大龍寺で行われた葬儀に出席し、密かに追悼の句を手帳に記した。

三井は煩悶した。もともと神経過敏だった彼は、対人関係で悩みを抱えこむことが多かった。裕福な家庭に育ったためか、一高の寮生活にも馴染めなかった。彼は神経衰弱を患い、本郷の街を彷徨《さまよ》った。

そんな時、一高の近くに開設されたのが近角常観の求道《きゅうどう》学舎だった。三井は吸い寄せられるように近角に接近し、「日曜講話」に参加した。

近角の体験主義は、三井の心をとらえた。そこには生きることの苦悩から信仰へと到達した等身大の先達がいた。意気地なしの自己。エゴイズムから逃れられない自己。親鸞の教えは、そんな自己を優しく包んでくれた。人間はすべて煩悩具足の凡夫であり、どうしようもない存在である。その弱さと限界を見つめることで、絶対他力の導きに随順することができる。そんな自己を吐露し、実体験を語り合うことで、救いがもたらされる。

三井は近角に傾斜した。彼は頻繁に求道学舎に通い、親鸞研究に熱を入れた。

一九〇四年、三井は東京帝国大学文科大学国文科に入学した。そしてこの年、彼は自作の和歌を雑誌『馬酔木《あしび》』に投稿した。『馬酔木』は子規亡き後、根岸短歌会の作品発表の場となっていた。編集の中心を担ったのは伊藤左千夫《さちお》。三井は「讃仏歌」と題した旋頭歌二首を投稿し、左千夫の「選歌欄」に掲載された。

三井は次号にも「京都に陶つくる友に」と題した和歌を投稿し、これも左千夫の「選歌欄」に掲載された。この年には、あと二回、左千夫の選にはいっている。

一九〇四年九月二十日。子規庵では、門人たちによる子規三回忌の歌会が催された。三井はこれに参加し、左千夫と初めて会った。彼は憧れの子規庵で歌を詠み、根岸短歌会に連なった。

三井にとって課題となったのは、近角の仏教と子規の文学を統一することだった。いかにすれば、仏道と歌道の合一を達成できるか。親鸞の信仰と子規の和歌を融合できるか。問いは空転したが、次第に三井は光明を見出していった。

一九〇五年二月、『馬酔木』に三井が左千夫にあてた書簡が掲載された、題して「宗教と文学」。ここで三井は次のように述べている。

小生は親しく御教を乞ひし事無之候へ共子規先生の書かれ候ものを読むが好きにて候ひしが其中半ば好奇心から親鸞上人の事を聞き候ときに其間に完全なる調和を見出し候

三井は、子規と親鸞の「完全なる調和」を感得した。和歌を詠《うた》うことと、信仰に生きることが、三井の中で調和した。そして、両者を繫いだのが近角の「実験」という概念だった。

子規先生の文学は先生が「文学といふものは如何なるものならざるべからざるか」といふ

ことを空想的に考察し構成したるものには無之候て先生の文学的実験の事実と存候

三井の見るところ、子規の文学は空想的な存在ではない。常に「文学的実験の事実」を基に構成されている。子規の提唱した「写生」は、目の前に広がるありのままの自然を受けとめることであり、その自然と交わった体験を詠うことだった。

――「写生」と「実験」。

文学と信仰がここで出会った。三井にとって、和歌による「写生」は親鸞の説く「自然法爾《じねんほうに》」そのものだと思えた。絶対他力の導きに促されて生きながら、その世界をありのままに表現することこそが「写生」の本質であり、「宗教は歌うべきもの」だった。和歌を詠《よ》むことによって、自己は自然と一体化し、世界と一体化した。

三井は徐々に和歌の腕をあげ、『馬酔木』以外にも表現の場を広げた。彼は子規が記者を務めていた『日本』にも投稿し、作品が掲載された。『日本』は陸羯南《くがかつなん》が主宰した新聞で、国民主義を基調とした。三井は、『日本』への投稿によってナショナリストとしての側面を強め、次第に愛国的な表現が目立つようになった。

和歌と信仰と愛国。

自然法爾の和歌が、ナショナリズムと一体化した。

三井は当初から念仏を重視しなかった。彼は「南無阿弥陀仏」を和歌に置き換えることで、自然法爾の境地に到達すると説いた。三井は、『人生と表現』一九一二年五月号に「世界統一預言者親鸞」という論考を発表しているが、ここで次のように論じている。

自力とは遊戯的なる瞑想を指したので、他力とは事実の不可抗力に順ずる実経験的態度を指したのである。

親鸞の信仰より「阿弥陀仏」なる概念を除去したならばその時に於てその表現せられたる人生は如何なるものなるか、南無阿弥陀仏に代るべきものは何ぞ？　そは実に吾等が創作すべき新しき芸術である。

他力は「事実の不可抗力に順ずる実経験的態度」である。超越的な力に自己を委ねる現実の態度こそが、親鸞の教えに従うことに繋がる。重要なのは他力に促された実際の人生そのものであり、その人生と表現を一致させることである。そこでは「阿弥陀仏」という抽象的概念は、重要ではない。「南無阿弥陀仏」という念仏も重要ではない。なぜならば、それは人生の具体的表現ではないからだ。「阿弥陀仏」も念仏も、どこか無性に遠い。切実さがない。

重要なのは、あくまでも「経験」であり、「経験」を離れた信仰は存在しない。自己に密着した存在こそが、世界との一体化を促す。信仰の実感を獲得し、世界と一体化した「経験」を手にするためには、「南無阿弥陀仏」に代わる「新しい芸術」を創作しなければならない。自己と自然が交わる美的体験の中から生み出される表現によって、念仏を乗り越えなければならない。

三井は、芸術によって世界と一体化し、あるがままの世界に随順する歓喜を抱きしめようとした。これで迷うことはない。疎外感に苦しむこともない。自然を写生する芸術によって、全体性を獲得し、その中に自己の場所を得る。美的表現に没入することによって、世界と私の関係は透明になる。

三井を取り囲む自然。体験する世界。

その一体化すべき具体的場所は、他ならぬ日本だった。彼は、次第に「祖国日本」を詠うことに精力を傾けていく。そして、その表現によって「透明な共同体としての日本」を構成しようと考えていく。

しかし、世の中はそう簡単にはいかない。

多くの人間は自力に溺れ、自己の能力を過信する。世界を対象化し、「自力」によって社会を改造しようとする。

三井にとって、そのような「計らい」に溺れる人間は、世界からの疎外を進める「敵」だった。ありのままの世界を遠ざけ、人間の賢《さか》しらな理性によって改革を進めようとする人間こそ、透明な共同体の破壊者だった。

三井は、許せなかった。

苦しみの中で辿りついた自然法爾の日本。芸術によって日本と一体化した自己。そんな歓喜の世界を破壊する「改革主義者」は、何としても殲滅しなければならない。いかなる手段を使ってでも排斥し、認識を改めさせなければならない。

三井の敵意は、必然的にエリート知識人へと向かっていった。彼は、親鸞への信仰を同じようにもつ蓑田胸喜をはじめとした仲間と共に『原理日本』を創刊し、思想を異にする知識人を徹底的に攻撃して行った。

京大瀧川事件、美濃部達吉を排撃した天皇機関説事件、河合栄治郎や津田左右吉《そうきち》を著作発禁と大学教授の辞職に追い込んだ事件……。

『原理日本』は「不敬」と見なした言論を片っ端から攻撃し、権力と手を結んで社会的な制裁を加えた。三井や蓑田は狂信的な超国家主義者として恐れられ、その攻撃性に知識人たちは慄《おのの》いた。

本郷の求道学舎と鶯谷の子規庵は、言問《こととい》通りでほぼ一直線につながっている。徒歩で約三十分。三井がつなげた親鸞と子規は、思いもよらない化学反応を起こし、攻撃的言論を生み出した。

3 倉田百三の愛とファシズム

近代国家建設のための人材育成を目的とした第一高等学校。その場所は、長く本郷にあった。現在は東京大学農学部キャンパスとなっている。校内は一見、整然としているが、そこはかとない雑然さに覆われている。

なぜだろう。ここに立つと、どうしても陰鬱な圧迫感を感じてしまう。景色が整っているのに不安定なのだ。

一高が一ツ橋から本郷に移ったのは一八八九年。当時はまだ、第一高等中学校という名称だったが、移転から五年後、正式に「第一高等学校」となった。就学期間は三年間で、基本は寮生活。多くの学生は、そのまま隣接する東京帝国大学に進学し、卒業後は政財界で活躍した。東大農学部との敷地交換により駒場に移ったのは一九三五年。一高の本郷での歴史は、明治半ばから昭和初期までの約半世紀に及んだ。

一九一〇年、この一高の門をくぐった青年がいた。倉田百三。のちに『出家とその弟子』がベストセラーとなり、多くの煩悶青年に愛読された作家である。一高時代の文章をまとめた『愛と認識との出発』も熱狂的に読まれ、悩める若者のバイブル的存在となった。

倉田の生まれは広島県庄原《しょうばら》で、裕福な呉服屋の長男だった。彼は祖母に溺愛され、姉妹に囲まれて育った。学校の成績は常に優秀。地元の名門中学を卒業すると、一高を受験し合格した。倉田は立身出世を目指した。エリート街道を歩んできた彼は、過剰な自信とエゴイズムに支えられ、世俗的野心を追求していた。

しかし、そんな彼にも悩みが生じる。それは、どうしても湧き出てくる「性欲」の問題だった。倉田は、何とかして性欲を抑えようとした。そして、エゴイズムを乗り越え、他者との友愛を図ろうとした。しかし、とめどなく噴出する内的衝動は止まらなかった。彼の欲望は、繰り返し理性を凌駕し、世界との調和を退けた。

倉田は煩悶した。どうすれば性欲を超えることができるのか。どうすればエゴイズムを克服できるのか。

彼は次第に授業をさぼるようになり、自己の殻に閉じこもった。理性と欲望の裂け目に落ち込み、身動きがとれなくなった。

そんなある日、書店の前を通ると、一冊の本が目に入った。西田幾多郎の『善の研究』だった。パラパラとページをめくっていると、「独我論を脱した」との記述があった。倉田は、藁にもすがる思いで購入し、むさぼり読んだ。すると、これまでの悩みが一気に晴れた。

倉田は知性と欲望の対立に苦しんでいた。しかし、西田曰く、認識と愛は矛盾しない。むしろ、両者は一体の自然現象であり、自己と他者も愛によって一体化する。自己と世界は一なる存在であり、自己は自己であることによって世界と調和する。

倉田は、独自の解釈を織り交ぜながら、西田哲学を取り入れた。そして、底知れぬ不安から脱していった。

しかし、課題は残った。西田の説く「自他合一」は、頭では理解できても、なかなか実感につながらなかった。倉田は、自己が世界とつながっている具体的な確証がほしかった。

倉田は「神の愛」に接近しようとした。しかし、どうしても信仰を持つことができなかった。神は、いつも遠かった。彼の苦悩の切実さに比して、神はあまりにも抽象的で超然としていた。彼は真理の手触りを求めた。

そこで倉田が到達したのが「生命は霊と肉とを不可分に統合せる一如である」という考えだった。

> 私は人格物を憧憬するならば霊肉を併せて憧憬したかった。生命と生命との侵徹せる抱擁を要求するならば、霊肉を併せたる全部生命の抱合が望ましかった。この要求よりして私は女に行かねばならなかった。人格物を憧がれ求むる私の要求は神に行き、友に行き、女に到って止まった。［倉田2008：102］

倉田は「女」との交わりこそが、究極の生命との一体化であると捉えた。性欲は真理を踏みにじらない。むしろ、生命の根源的衝動こそが性欲であり、真理と密接につながっている。女性との肉体的な交わりこそが究極の愛であり、その愛は宇宙の鼓動と連動している。性交によって自己は宇宙と一体化し、「自他合一」の境地に達する。「真の宗教はSexの中に潜んでるのだ」［倉田2008：103］。

倉田は女性を求めて、街を彷徨った。もう勉強どころではなかった。宇宙をつかむには、女性との情愛に溺れるしかない。どこかにいるはずの究極の女性を、彼は求め続けた。

そして、彼は巡り合った。逸見久子。日本女子大学の学生だった。

二人は、瞬く間に恋に落ち、肉欲に溺れた。倉田は神秘を体感し、性交中、「二個にして直ちに一個なる生命的存在」だと思った。

もう離さない。このまま死んでもよい。倉田は本郷の片隅で「絶対の実在」を手に入れた。

しかし、久子との関係は絶対ではない。人間の心は移ろいやすく、永遠ではない。

一九一三年の夏、庄原に帰郷していた倉田のもとに一通の手紙が来た。久子からだった。中を開くと、それは絶縁状だった。久子は実家のある札幌に戻り、見合い結婚するという。

倉田は、絶望した。自己と一体化したはずの宇宙が、あっという間に離反した。自己を包んだ絶対の実在は、再び遠くに消え去った。どうしてなのか。何があったのか。

倉田は真相を聞き出そうとしたが、久子は拒絶した。倉田は悶えた。嫉妬と怨念で狂いそうになった。毎日、七転八倒した。そして、結核を患い、床に臥せってしまった。

倉田は、療養生活に入った。勉強を続ける気力はもうなかった。生気が一気に消失した。彼は一高を退学し、故郷庄原に引きこもった。

具体的な存在は、具体的であるがゆえに絶対的ではなかった。女性との恋愛は不確かで、相対的なものだった。性交は「自他一如」のイリュージョンだった。

倉田は、神を求めた。究極の存在とつながりたいと思った。

しかし、問題は振り出しに戻る。身体を持った人間は、欲望から自由ではない。「存在することの罪」が自己に組み込まれている。人類は動植物の命を奪い生きている。性欲を発露することによって子孫を残す。自己と世界を凝視すればするほど、存在そのものへの嫌悪感にさいなまれる。そこにはどうしようもない世界と、どうしようもない人間が横たわっている。そして、自己は間違いなくその一部を形成している。

倉田は、そんな自己と世界を抱きしめようと思った。根源的な罪を自覚することこそが、生命を慈しむ愛へと連結すると考えた。そして、罪と愛のその先に、神が存在すると思った。

この思考は、彼を親鸞思想へと導いた。親鸞は人間存在を「悪人」と位置付け、罪の認識こそが、超越的な絶対他力へと自己を開くと説いた。倉田は、親鸞に惹かれた。親鸞は必ずしも純白の聖者ではなかった。人生の悲しみを知り、沸き起こる煩悩に苦しむ一人の人間だった。

倉田は、親鸞を書きたいと思った。彼は筆をとり、一気呵成に原稿を仕上げた。それが『出家とその弟子』だった。

一九一七年に岩波書店から出版された倉田のデビュー作は、瞬く間に話題となり、大ヒットした。すると、倉田は再び女性に溺れるようになった。彼には当時、生活を共にする女性がいたが、名声と共に近づいてくる女性に惹かれ、家を飛び出した。さらに、数年ぶりに再会した久子と関係をもち、愛人三人に囲まれる奇妙な生活が始まった。

倉田は、盛んに「恋愛の絶対的自由」を謳った。そして、一夫一婦制を否定する論考を書き、世間から白眼視された。

メディアは、そんな倉田を放っておかなかった。彼の愛人との私生活は暴かれ、スキャンダルとして大々的に報道された。煩悶青年の代弁者で、教養主義のシンボル的存在だった倉田は、激しいバッシングにさらされ、文壇での地位を失った。

彼は次第に、心を病んでいった。一九二〇年代半ばになると不眠症になり、強迫性障害を患った。辛い毎日が続き、自己は世界とますます切り離された。

倉田は寺院に籠り、行をはじめた。断食、水行、そして祈り……。彼は、信仰の力にすがった。すると、ある日、神秘を体験した。田圃《たんぼ》道を歩いていると、急に宇宙が迫ってきた。自己と天地が一体化し、世界が「一枚」になった。自己の呼吸は、宇宙の呼吸と一致した。仏の存在をはっきりと確認した。

もう間違いない。もう揺るがない。倉田はそう思った。そして、世界と一体化した自己は、すべての問題を克服した存在だと考えた。

真理と一体化した自己。絶対をつかんだ自己。この自己が至った境地を、世界化しなければならない。人類全体を自己と同じ地点にまで引き上げなければならない。すべてが一枚となった世界が現前すれば、人類から苦しみは除去される。みんなが透明につながり、煩悶から解放される。

倉田はここから一気にファシズムへと傾斜していった。彼は全体主義こそが人類を救済し、理想境を生み出すと考えた。倉田は、世界の意思を天皇の勅命に求めた。天皇を中心とする八紘一宇の実現こそが、絶対的な愛に包まれた世界を創り出すと説いた。

挙国一致を説き、戦意高揚の言葉を紡ぐ中、彼は十七歳の若い女性に恋をした。四十代半ばの倉田は、再び「絶対的な愛」を追求し、幼さの残る純真な女性との関係を理想化しようとした。

ファシズムと恋愛。倉田の煩悶は迷走しつづけ、生活は破綻した。病に冒され、文壇から見放された彼は、一九四三年に密かに息を引きとった。

.4 桃太郎になりたかった男・渥美勝

かつて、ＪＲ御茶ノ水駅と神田駅の間に「万世橋」という駅があった。一九一二年の営業開始当時は、国鉄中央本線の始発駅であったために、駅前は大変な賑わいを見せた。駅舎は辰野金吾の設計による赤レンガ高層建築で、食堂やバーなどを併設する豪華な造りだった。しかし、一九一九年に中央線が東京駅まで延長されると、万世橋駅はターミナルとしての機能を終え、衰退の一途をたどった。

関東大震災で駅舎は焼失。規模を縮小して再建されたものの、乗降客は激減し、一九四三年に廃止となった。今では交通の要衝だったころの面影を失っているが、今に残る赤レンガ壁が、過去の栄華を静かににじませている。

万世橋駅前には、日本を代表する巨大な銅像が立っていた。日露戦争で戦死し、「軍神」と呼ばれた広瀬武夫中佐の像である。この像は、万世橋駅のシンボルとして聳立《しょうりつ》していたが、戦後になって東京都が撤去した。

万世橋駅開業当時、広瀬中佐像の前に陣取り、連日演説を行っていた人物がいた。渥美勝《あつみまさる》。今や忘却の彼方に追いやられた国家主義者である。

彼の暮らしは貧困そのもの。生涯独身で、家もなかったため、東京各地で居候や野宿生活を繰り返した。その衣服は綻び、髭は伸び放題だったが、表情は凜として、気品が漂っていた。

渥美は広瀬中佐像の前に旗を掲げ、一心に演説を続けた。旗に書かれた文字は、なぜか「桃太郎」。その奇妙な光景は、多くの人の目に焼き付き、万世橋駅前のお馴染みの風景となった。

渥美が生まれたのは一八七七年。実家は彦根の名家だった。しかし、家庭環境は複雑だった。母は彦根藩主井伊家の分家に生まれ、婿を迎えて男児を生んだものの、その子を残したまま渥美家に嫁いだ。夫には前妻との間に生まれた長男がすでにいたため、渥美には父の異なる兄と、母の異なる兄が存在した。

旧士族一家の家計は苦しかった。しかも、父は渥美の幼いころに亡くなったため、母の手一つで育てられた。母は心から彼を愛した。時にひどく叱ったが、夜にそっと布団をかけてくれた。貧困生活の中、母は渥美の学業のために懸命に働いた。母は無条件の愛で彼を包み込み、彼はその温もりを抱きしめた。

渥美は奨学金を得て一高に入学し、その後、京都帝大に進学した。この大学時代に、彼は人生の煩悶に取りつかれた。自己の生きる意味を問えば問うほど、根源的な懐疑の念が湧き起こり、時に不眠に陥った。彼は救いを宗教に求めた。京都の名僧を訪ね、寺の門をたたいた。キリスト教にも救済を求め、牧師に教えを乞うた。しかし、煩悶は晴れなかった。眠れぬ夜には、一人で比叡山に登って瞑想にふけった。連日、図書館に通い、ヘーゲル、カント、ショーペンハウアーを読み漁った。

　大学の授業は、どうでもよかった。欧米から輸入された社会科学と自由主義思想は、彼の人生の問いに何の解決ももたらさなかった。形式的なアカデミズム。そして、画一的な教育。それらは孤独と疎外を生み出すだけで、彷徨《さまよ》える空虚な心を満たさなかった。

　悶え苦しむ毎日は、渥美の体を蝕んだ。ついに腹部に悪性の腫物《はれもの》ができてしまい、手術を受けることとなった。

　ここで渥美は一人の女性と出会った。入院先で彼を看病してくれた看護婦だった。不安と絶望の中、女性は彼を優しく癒した。彼は感謝の念を抱いたが、やがて思いは恋情へと発展した。

　渥美は、女性の献身的な姿に母を重ね合わせたのだろう。孤独な自己を無償の愛で包んでくれる相手に、母の温もりを感じたのだろう。彼の手術は成功し、病院を退院することになったが、狂おしい恋心だけがベッドに残された。

　渥美の体は快癒に向かったが、心は晴れなかった。女性への思いを断ち切ることができず、再び彼女に会いに行った。懐には、短刀を忍ばせた。もし告白して、受け入れられなければ、その場で自刃しようと思いつめた。

　病院にたどり着いた。しかし、どうしても門の中に足を踏み入れることができなかった。次の日も、そしてその次の日も、門の前までは行った。しかし、最後の勇気が出なかった。結局、恋心は、告白しないまま封じ込めた。失恋は煩悶と一体化し、苦悩は加速した。

そんな時だった。郷里から母の危篤の知らせが届いた。彼は即座に彦根に駆け付けたが、時すでに遅かった。母の体から、温もりは消えていた。渥美は、母を荼毘《だび》に付した。しかし、家には遺骨を墓所に納める金がなかった。彼は遺骨を抱いたまま、号泣した。

その時、彼に一つの思いが湧き上がった。

――母を自分の懐に埋葬したい。

彼は永遠に母に抱かれたいと思った。自己と母が融合し、一つになるべきだと思った。渥美は、遺骨を取り出し、おもむろに口に入れた。さすがに、すべての骨を食べ切ることはできなかったが、喉仏《のどぼとけ》は飲み込んだ。彼は母と一体化した恍惚感に満たされた。

渥美は、学生生活に戻る気力を喪失した。彼は彦根の実家に戻り、無為の時間を過ごした。そんなある日、隣接する幼稚園から歌声が聞こえてきた。その唱歌は「桃太郎」だった。彼は、じっと聞き耳を立てた。すると、突如として心の底から歓喜の衝動が湧き上がった。魂が揺さぶられた。童子の声が、天の声に聞こえた。

思わず「ああ、さうだ。桃太郎だ。桃太郎だ」と叫んだ。迷いの霧が、一気に晴れた。いのちの光が、差し込んだ［田尻1944：15］。

渥美にとって、桃太郎は万物を統一し、一切の悪を克服する象徴に思えた。桃太郎は、日本民族の鏡であり、神話世界を具現化した存在だった。桃太郎こそ、神の精神に随順し、永遠無窮の理想社会の構築に邁進する勇者だった。

――煩悶を克服し、世界と一体化するためには、桃太郎にならなければならない。そう渥美は決意した。そして、郷里で神話の研究に没頭し、高天原《たかまがはら》の実現こそ日本民族の使命であるとの確信に至った。

すべてが神々に抱かれた世界。神のまにまに生きる日々。そこには苦しみも悲しみも存在しない。ただ恍惚として、悦喜の中に埋没する。すべてのいのちが繫がり合い、融合する。すべてが使命の中で価値づけられ、溶け合う世界。そんな世界を作り上げることが、全世界に対する日本民族の使命であると思った。

渥美は「神ながら」の世界に生きることを誓った。すべての世俗的な欲望を排除し、「神政維新」の実現のために生きようと思った。

彼は、大阪での下層労働を経て上京。自らの思いを広く訴えるために、万世橋駅頭に立った。そして、「桃太郎」の旗を掲げ、ありったけの声で演説を繰り返した。

渥美は「神輿担ぎになれ」と訴えた。

『お神輿をかついでしまへばいいのだ。真ん中をかつがうが、端つこをかつがうが、時には、かつついでゐる者の胴をつかまへ、足をかつがうが、そんなことは忘れて、ただ愉快に、みんな一つに溶けあつて揉みにもんでかついでゆく。そこには小つぽけな「おれが」などといふ小我は消え去つて、「みたみわれ」の大我の奮躍興進があるのみだ。だから、皆んな、お神

輿をかつぐ気になればいいのだ』〔田尻1944：42〕

ちっぽけな自意識なんて捨ててしまえ。そして、天皇に随順する大我（＝みたみわれ）に回帰せよ。みんなと一心不乱に神輿を担ぎ、一つに溶け合おう。どこまでが自分で、どこまでが他者なのかわからない世界。自己の苦しみからも、他者の苦しみからも解放された世界。そこで神は躍動し、無限の理想郷が現前する。不完全な人類は、永遠の命に補完される。

渥美は自我の超克を思想の中核に据えた。理知という名の狡猾を脱ぎ捨て、計らいを取り除かなければならないと考えた。

その時に彼の脳裏に浮かんだのは、郷里にいた一人の知的障碍者だった。「吉つぁん」と呼ばれた彼は、地元では「阿呆吉」と蔑まれ、嘲笑された。仕事はできない。服はいつも袷《あわせ》一枚。帯を犬の尾のように垂れ下げていた。

そんな吉つぁんは、純朴で素直だった。「甘味い物を与《や》らうか」と言えば「お呉れ」と答える。食べ物を渡すと、即座に口に入れ、一心に頬張る。「笑はれはするが憎まれはせぬ」。悪ガキに捕まり、悪戯《いたずら》をされると「放してお呉れ」と懇願する〔渥美1999：157–159〕。

吉つぁんは、道を歩くとき、石が転がっていると必ず下駄で蹴って道端の溝に落とした。近くに溝がなければ、溝のあるところまで蹴っていった。どうして石を蹴るのかと尋ねると、「人が躓くと悪いからなあ」と短く答えた〔渥美1999：160〕。

渥美は、吉つあんこそが「神の子」だと思った。純真な心。「阿呆」と蔑まれながら、計らいを超えて利他的に行為する存在。

渥美は「阿呆吉」に憧れた。みんな「阿呆吉」になればいい。そして、原始日本の相互扶助社会に回帰すればいい。それが「神ながら」の世界であり、天意に随順する人間本来の姿なのだから。

渥美は高天原の地上化を心から願った。そして、実際に高千穂に旅立ち、約二年間の放浪生活を送った。

渥美は一九二八年、五一歳でこの世を去った。彼は絶筆の中で、自分を「蚯蚓《みみず》」に喩え、生を長らえたことの「申訳なさ」を述懐した［渥美1999：1］。子孫を残したわけでもない。食べ物を作ったわけでもない。結局、特筆すべきことは何も為しえなかった。しかし、自分は「無価値」ではない。取り替え不可能な「無代価」の存在である。すべての存在には、意味がある。世界を補完し合う意味がある。彼はそう書き残してこの世を去って行った。

第3章

不平等・革命・テロ

.1 大川周明と国家改造運動

かつて地下鉄江戸川橋駅付近は、風光明媚な桜の名所だった。夏には蛍が飛び交い、人々が夕涼みを楽しんだ。しかし、現在の風景の中に、その面影は見当たらない。濁水の神田川には、雑居ビルの影が揺らめき、見上げると高速道路が空を遮る。

今から半世紀ほど前まで、都電荒川線早稲田駅付近から飯田橋駅付近までの約二キロの間は、「江戸川」と呼ばれていた。しかし、この区間も一九七〇年に名称が統一され、「神田川」となった。「名勝・江戸川」の記憶は、橋と駅の名称に封印されている。

江戸川橋から五百メートルほど行ったところに、西江戸川橋という小さな橋がある。明治期、この付近では和紙の原料の「楮《こうぞ》」が立ち並ぶ光景が見られた。清流だった江戸川は、東京の街中にありながら和紙製造に適しており、次第に紙産業の中心地となった。現在でも、この界隈には製本・印刷業者が軒を連ねる。

そんな一郭に、清風亭という一軒の料亭があった。敷地は広大で、大人数の会合に利用された。

一九一八年十月九日、午後六時。

ここに総勢二十七名の男が集まった。彼らは、陸海軍の軍人や出版関係者、国家主義者、学者など多種多様で、統一性がなかった。しかし、ここで発足した団体が、のちに大正・昭和の国家主義運動の中核を生み出すことになる。

――老壮会。

満川《みつかわ》亀太郎が主宰する会合で、右翼・左翼を問わず、時代への危機認識を持つ有志が参集した。このメンバーの中に、まだ無名の大川周明がいた。彼は当時三十一歳。若き宗教学者として、一部で注目を集めていた。

大川は一八八六年、山形の酒田に生まれた。実家は村医者で、父は大川に跡継ぎを期待した。しかし、彼は反発した。若き大川にとって重要なことは、自己の煩悶の解決であり、医学には関心がなかった。

中学時代の大川は、自己に巣くう欲望に悩んだ。彼は清く生きようと考え、断食などを繰り返した。しかし、苦悩を超えようとストイックになればなるほど、快楽を求める邪念が湧いて出た。彼は欲望の堂々巡りに苦しみ、進むべき道を見失った。

人生トハ何ゾヤ。コレ心底ニ往来シテヤヽモスレバ余ヲシテ沈思ニ入ラシムル所ノ問題ナリ。余ガ心ハ之ガ解答ヲ得ル迄ハ遂ニ悠々タラザルベシ。悲シミヤ苦シミヤ悶ヘヤナンゾ吾ヲセムル。吾迷フ。［大川1986：52］

大川は父との確執にも悩まされた。医者になることを拒絶した大川に対して、父は激しく憤った。大川は何度も説得を試みたが、父は聞く耳を持たなかった。

大川は、次第に宗教に救いを求めるようになった。


神ヲ信ジタシトノ念亦胸中ニ往来ス。ア、。吾ハ高慢ナルカナ。Proud boy ナル哉。［大川1986：51］

彼はフランス語の勉強のため、週三回、鶴岡天主教会に通った。彼はここでマトン神父と出会い、キリスト教に接した。そして、聖書を繙《ひもと》き、神に祈った。

しかし、最終的にどうしても洗礼を受けることができなかった。カトリックのマトン神父は、プロテスタントを認めず、『聖書』の無謬性を強調した。『聖書』に解釈を加えようとすると、その態度を厳しく諫めた。「書かれたままに信ぜよ」と命じる神父に対して、大川は懐疑の念を抱いた。

――宗教に救いを求めたい。しかし、キリスト教の信仰を持つことができない。

若き苦悩は旋回した。しかしこの苦しみが、大川の思想を飛躍させた。彼の関心は、個別宗教を超えたメタ宗教へと接近していった。

また、大川は社会主義にも関心を持ち、『平民新聞』を購読した。彼の理想は宗教と社会主義の融合へと向かい、正義の実現を夢見るようになった。

大川は熊本の第五高等学校に進学し、才能を開花させる。彼は「万教帰一」の構造を論じ、宇宙の意思に随順する生き方を説いた。そして、有機的に繋がり合う社会関係の中で自己の役割を果たし、世界の一部として貢献することこそが「宇宙の大霊」との合一化につながると主張した。

大川の思想は、「宇宙の大霊の意思」と「社会主義革命」の一致へと向かった。宇宙と一体化した有機的社会を実現するためには、経済的不平等の是正が必要不可欠であり、そのためには社会主義革命による平等社会の実現が重要だった。

――普遍宗教と社会主義革命。

大川思想の輪郭は、若くして完成した。

彼は東京帝国大学に進学し、インド哲学を学んだ。大学時代の大川は、もっぱら宗教研究に没頭し、社会主義熱は沈静化していた。彼は仏教からヒンドゥー教、そしてイスラームにまで関心を広げ、普遍宗教のあり方を追求した。

同時に、彼は宗教的実践にも傾斜していった。彼は松村介石《かいせき》が創設した日本教会（のちの道会）の活動に関わり、在学中に入会した。日本教会はキリスト教の教えを基にしていたが、「三位一体」や「十字架の贖罪」「処女降誕」などの神学を批判し、キリストの神格化も否定した。

この組織には、平井金三《きんざ》や村井知至《ともよし》などのユニテリアンが関与しており、普遍宗教のあり方が追求されていた。

大川は当初、宗教的真理の探究に没頭していたが、有力会員の依頼に基づいて歴代天皇の業績を述べる「列聖伝」を執筆することになり、次第に国家主義に目覚めていった。さらに一九一三年夏には神保町でサー・ヘンリー・コットンの『新印度』(*New India, or India in Transition*)という書物を入手し、イギリスによるインド支配の実情を知ることとなった。

大川は激しく憤った。己《おの》れが理想化してきた深遠なインドがイギリスの植民地支配によって苦しみ、無残な姿に変貌していることを心から嘆いた。

大川は、次第に「日本の使命」に目覚めていった。大川の思いは、日本による植民地解放と、「二つの世界」の構築へと収斂していった。彼にとって、インドの救済は、自己の救済と一致していた。一つの普遍的な宗教へと世界が回帰した時、近代は克服され、アジアは解放される。人類は有機的世界の中で大霊と合一化し、自己はその一部として宇宙に包まれる。理想の実現のためには、戦わなければならない。日本がアジアを代表して西洋の植民地支配を打破し、近代を駆逐しなければならない。

一九一四年五月、大川は道会の機関誌『道』に「挙国警覚すべきの秋《とき》」という文章を寄せ、次のように説いた。

憂国の士、今日にして慨然として奮起せずば、何を以て大御心に答へまつるを得ん。吾党の同志、暫く一家一身の利害、事業目前の困厄を措き、須らく慷慨の気に腸を托し、献己奉公の熱血を湧かし、眼前の局促を忘れて、上下一斉に興奮し、各自その責務を尽し、盛んに君国の大義に拮据《きっきょ》せざる可からず。今はこれ挙国警覚す可きの秋なり。

大川にとって、「君国の大義」は明確だった。憂国の志士は、世界の解放のために起ち上がらなければならなかった。しかし、肝心の日本国内は一身の営利に汲々とし、公共心を見失っていた。特権階級は第一次世界大戦に伴う好景気に沸き、世の中には拝金主義が跋扈《ばっこ》していた。一方で庶民の暮らしは厳しく、格差社会が拡大していた。

大川の胸に、「革命」の文字が去来した。アジアの解放のためには、まず日本国内の改造が必要不可欠だと確信した。

――自己の救済、日本の国家改造、アジアの解放、近代の超克、世界統一、普遍宗教の確立、そして宇宙との合一。

大川の中で、すべてが一直線につながった。彼は、来日したインド人革命家と接触し、彼らの救援活動を通じて、頭山満をはじめとする国家主義者と接触した。また、満川亀太郎と知り合い、意気投合した。大川と満川は、共に国家改造の必要性を確信し、ロシア革命に胸を躍らせた。

二人は国家改造運動の第一歩を踏み出すことになった。場所は江戸川橋の清風亭。老壮会の結成である。

この会では、マルクス主義者から農本主義者、国家主義者まで幅広い人材が交流し、国家改造のあり方が論議された。その過程で、大川と満川は国家改造を具体化する実行組織の必要性を痛感し、一九一九年八月一日、猶存社《ゆうぞんしゃ》が設立された。大川は直後に東京を離れ、上海に向けて旅立った。

目的は北一輝との面会。大川は上海で北と対面し、猶存社に加わるよう説いた。北は大川の要望を快諾し、国家改造の試案を手に、帰国することになった。ここに昭和維新運動を主導した両巨頭が合流し、二・二六事件に至るテロ・クーデターの時代が幕を開ける。

.2 朝日平吾の不愉快

神奈川県大磯は、海に沿って広がる。目の前は太平洋。どこまでも続く海に、解放感を抱く。しかし、振り返れば、すぐ背後に山が迫る。町は、思いのほか狭い。

そこに、波が途切れることなく打ち寄せる。

時折、大きな波が足元を襲う。沖に目をやると、また幾重もの波が迫る。このとめどない繰り返しを凝視していると、不意に恐怖心に駆られる。解放感は、次第に切迫感にかわる。なぜか、追い詰められた心地になってくる。波はまたやってくる。


一九二一年九月二十八日、午前九時三十分。

大磯の町に、大きな悲鳴が響きわたった。安田善次郎刺殺事件。犯人は、当時三十一歳の朝日平吾だった。

安田は当時を代表する財閥の創始者で、東京帝大に「大講堂」を寄付したことでも知られる。一方、朝日は無名の活動家。当時は労働運動に従事し、下層労働者の宿泊施設建設に奔走していたが、資金面で行き詰まっていた。

朝日は、大磯に住む安田を訪ね、寄付を求めた。安田が要求を拒絶すると、朝日は持っていた刃物で安田を惨殺し、その場で自ら咽喉を切って自死した。

朝日は鬱屈していた。何をやっても上手《うま》くいかず、空回りが続いた。自尊心が強く、自意識過剰だったため、人は彼を避けがちだった。

佐賀県嬉野《うれしの》で生まれた朝日は、十二歳の時に最愛の母を亡くした。父は再婚し、家には新しい母がやってきたが、どうしても気が合わなかった。家庭内には、険悪なムードが漂った。彼の心は荒れ、町で喧嘩を繰り返した。

朝日は長崎の私学を卒業し、上京。大学に入学したものの、学生生活は続かず、退学した。彼は佐賀に戻り、陸軍に入隊。第一次世界大戦の青島攻撃に従軍し、戦場を経験した。帰国後は、再び上京し、学生生活を再開したが、やはり長くは続かなかった。

彼は満州に渡り、一旗揚げようと考えた。そして、満蒙独立運動に従事することを希望し、馬賊隊に入隊。満州に渡り、隊列に加わったものの、仲間と打ち解けることができず、短期間で離脱した。

朝日は、世の中からの評価がほしかった。何とかして認められたかった。しかし、他者とうまく協調できず、気に入らないことがあれば、すぐに癇癪を起こした。結果、仲間は寄り付かず、疎外感は加速した。

朝日は、大陸浪人となって、満州各地を転々とした。大連ではいくつかの職に就いたが、どれも順調にはいかなかった。

親ともうまくいかない。仲間ともうまくいかない。誰も認めてくれない。

そんな不満は、世の中を見返してやりたいという思いを過剰にした。そして、卑屈な自意識を埋める物語は、次第に肥大化していった。

――自分こそが、アジア解放の指導者として、「美しき犠牲者」となる。「憂国の志士」として、「支那保全」を成し遂げる。

小さな自分と、大きな物語。そのギャップを埋めるために、彼は大言壮語を繰り返した。しかし、そんな彼を相手にしてくれる人は、どこにもいなかった。彼は自暴自棄になり、飲酒と喧嘩に明け暮れた。一時的な仕事で手にした売上金を遊興費に使い、雇用主から告訴され、警察に拘束された。

朝日は拘置所で、声をあげて泣いた。

自分ほどの人間が、なぜ拘置所などにいなければならないのか。なぜ、世の中は自分を裏切るのか。世の中には、富を独占し、弱者からの搾取によって肥え太る資本家が大勢いる。彼らは、何不自由のない生活をし、権力を手に入れる。なぜ、弱き者のために命をささげようとする自分が拘置所に入れられ、不義を行う資本家たちが豊かな生活を送っているのか。

彼の富豪に対する苛立ちは高まり、怨念が積み重なった。

とにかく、不愉快だった。自分の不遇を思うと、気が狂いそうになった。保釈金の用立てを知人に頼んでも、誰も応じなかった。疎外感にさいなまれ、全身は痩せこけた。拘置所から釈放されたら、恨みの一念で、知人を刺してやろうと思い詰めた。神経はささくれ立ち、顔は青白くなった。医師は神経衰弱と診断した。

ようやくのことで釈放された朝日は、再び満州各地で仕事に就いたが、湧き上がる不満を埋め合わせることができず、入退社を繰り返した。彼は何度も手帳に「不愉快」と書き記し、鬱屈を強めた。

そんな時、脳裏に、ふと父の姿が浮かんだ。

これまで自分は、数年間にわたり、大陸でさまざまな経験を積んできた。アジア解放のための活動に従事してきた。

そんな自分を、親はいよいよ認めてくれるに違いない。大変な経験を経て帰国した自分を、尊敬のまなざしで迎えるに違いない――。

そう考えた朝日は、田舎に「凱旋帰国」することにした。彼は船に乗り、久しぶりの日本を目指した。

しかし、待っていたのは冷たいまなざしだった。

四年ぶりに帰宅した彼を、家族は厄介者扱いした。義母は朝日を避け、話をしようともしなかった。

この家族の態度は予想外だった。大陸での武勇伝に、皆が聞き耳を立てると思っていた。「よく帰ってきた」と、盛大にもてなしてくれると思っていた。

しかし、現実は違った。家族は彼を遠ざけ、冷たくあしらった。

これでは何のために帰ってきたのかわからない。「不快〱」「癪だ〱」。悔しくて仕方がない。

朝日は、苛立った。そして、実家を離れ、国内の労働運動に加わり、新しい道を模索した。

世の中は第一次世界大戦が終わり、不景気が到来した。労働者は立ち上がり、待遇改善を叫んだ。大正デモクラシーは高揚し、普通選挙を訴える声が高まった。

朝日は流れに加わった。そこで活躍し、名をあげることによって、自分を蔑んできた人たちを見返そうと思った。

彼は平民青年党を立ち上げ、神州義団を結成した。しかし、付き従う者はいなかった。強い思いをもって下層労働者の宿泊施設建設を訴えた。「労働ホテル」の建設案は、彼にとって渾身の計画だった。「これはいける」と思った。

連日、資本家の間を奔走した。計画書を手に、あらゆるところを回った。幾人かの資本家は呼びかけに応じ、資金提供を約束したが、最終的に十分な金額を集めることはできなかった。

朝日は、行き詰まった。

これ以上、なす術がなかった。何をやっても上手くいかない。誰も認めてくれない。もう、どうしようもない。

彼は未来を失った。新しい事業を立ち上げる気力を喪失した。しかし、どうしても「自分であることへの執着」を捨てることはできなかった。満たされない自意識の欲求は、止まらなかった。砂浜に打ち上げられる波のように。

朝日にとって、残された存在証明の手段は、自らの意志的な死だった。それはテロの実行という方法を意味していた。「自己であること」の最後の表現は、自己の命を捨てるという転倒した表現に、収斂していった。

――「希望はテロ」。

朝日は真夏の下宿に引きこもり、「死ノ叫声」と題した文章を書きあげた。

彼が抱きしめたのは「一君万民」イデオロギーだった。日本国体に準拠すれば、超越的存在である天皇の下、万民は一般化される。天皇以外に特別な人間など存在しない。階級や身分に根拠はない。国民はすべて平等であり、一律に天皇の大御心《おおみこころ》に包まれる。

しかし、現実は違う。国民の間には歴然とした貧富の差があり、財閥が幸福を独占している。平等であるはずの国民は、なぜに不平等を強いられているのか。なぜ、自分は日本国民として幸福を享受できないのか。

それは、大御心を阻害する「君側《くんそく》の奸《かん》」が存在するからである。天皇と国民を切り離す政党政治家や財閥が存在するからである。

彼らこそが、国民の幸福を破壊する元凶である。彼らが存在するから、人々は苦しい生活を余儀なくされる。自分が屈辱的な扱いを受け、不幸を強いられているのは、彼らのせいである。許せない。どうしても許せない。存在そのものが許せない。奴らのせいで、自分はこんなに惨めな毎日を送らなければならないのだから。

黙々ノ裡ニタダ刺セ、タダ衝ケ、タダ切レ、タダ放テ、而シテ同志ノ間往来ノ要ナク結束ノ要ナシ、唯ダ一名ヲ葬レ［朝日1963：482］

一九二一年九月二十六日、朝日は大磯に向かった。

その日の夜、彼は安田邸のすぐそばにある旅館に泊まった。翌朝、安田邸に行ったものの、この日は面会が叶わなかった。

彼は一日、大磯で無為の時を過ごした。静かに波音を聞きながら。

そして、翌二十八日朝、再び安田邸を訪問し、書生と押し問答の末、面会の機会を得た。彼は「労働ホテル」の趣意書を手渡したが、寄付金の要求を拒否されると、おもむろに安田を刺し、その場で自死した。

3 連鎖するテロと中岡艮一

東京駅が開業したのは一九一四年。東京大空襲などの戦災で大きな被害を受けたが、近年、創建当時の姿に復原された。

丸の内の風景は、どこまでも直線に支配される。整然とした秩序が、首都の正面玄関にはふさわしいのだろう。背後には、高層ビルが次々に建築される。

一九二一年十一月四日、午後七時二十五分。現在の丸の内南口で一人の男性が刺された。倒れ込んだのは原敬。当時の首相だった。原はすぐに駅長室に運び込まれたが、既に息はなかった。

原首相を刺殺したのは十八歳の中岡艮一《こんいち》。大塚駅の転轍手を務めていた。

中岡は一九〇三年、足尾銅山で生まれた。父は銅山の事務職だったが、彼が五歳のころ、辞職して上京した。住まいを構えたのは下町の本所。周りには多くの低所得者が暮らしていた。父は中岡をかわいがり、時に厳しく教育した。中岡は、裕福ではなかったものの、慎ましやかで幸せな家庭で育った。

この暮らしが一転したのは、彼が高等小学校に入学した直後のことだった。父が突然、病に伏し、仕事を続けることができなくなった。家計は一気に困窮し、中岡は学校を中退した。父は間

もなく亡くなった。

彼は、親戚が営む印刷所に勤めることになった。昼間は事務所で事務の見習いをし、夜には夜学に通った。しかし、この仕事に馴染むことができなかった。毎日が楽しくなかった。同年齢の少年たちが制服を着て学校に通っているのを見ると、心が荒《すさ》んだ。自分は全く別世界に住んでいると思った。

私の少年時代は、概して光彩のない淋しいものであつた。すなはち私は、是ではならぬ、何とかこの境遇を打開したいといふ気持に支配されて、今頃の言葉で言へば、憂鬱であつた。
[中岡1934：150]

世の中は第一次世界大戦下の好景気で浮かれていた。街を成金が闊歩し、バブル経済が高揚した。

しかし、庶民は貧しかった。河上肇は一九一六年九月から『大阪朝日新聞』に「貧乏物語」を連載し、貧困問題を告発した。世の中では、好景気の喧騒に覆い隠される形で、格差社会が拡大していた。

中岡は、辛い現実に直面し続けた。過酷な労働に従事する中、「様々の深刻な人生を観た」。「学校へ行く代りに、実社会の様々な部面に接触しつゝ生長した」[中岡1934：150]。

彼の「不愉快」は続いた。何とかしてそうした境遇を脱し、別の環境で働きたいと考えた。そんな時、隣人から「鉄道に勤めてはどうだ」と勧められた。隣人は「大塚の駅長は僕の友人だから、なんなら紹介してあげる」と言い、仕事を斡旋してくれた。一九一九年十一月、中岡は大塚駅で働くことになった。

初めは駅構内の清掃や便所掃除、駅名喚呼《かんこ》、連絡係などを務めた。とにかく懸命に働いた。休日も仕事に出て、下積みを重ねた。その甲斐あってか、転轍手に抜擢された。

このころから、彼は政治問題に関心を持ち始めた。一九二〇年の三月から五月にかけて、極東ロシアのニコラエフスクで、日本人居留民を含む六千人以上の住民がパルチザンに虐殺される事件が起こった。この「尼港《にこう》事件」は、日本の世論の怒りを喚起し、原内閣への批判へと波及した。特に原首相が「惨劇が起こったのは不可抗力だった」と発言したと報道されると、首相に対する「責任逃れ」という非難が強まり、中岡も原首相への悪感情を抱いた。

さらに、一九二一年一月には南満州鉄道の炭鉱・汽船買収をめぐる「満鉄疑獄事件」が発覚した。満鉄副社長の中西清一が塔連炭鉱を買収した際、実際の価値よりも高額を支払い、差額を原首相率いる政友会に横流ししたと報道されたため、世の中では政治不信が高まった。

中岡は憤った。原内閣を「悪政」とみなし、「之を倒さゞるべからず」と考えた［中岡1934：38］。

世の中には貧しい暮らしを強いられた庶民が大勢いる。自分もまた、そのうちの一人であり、満足に学校に行くこともできなかった。そんな苦境の中、原首相は日本人の命を守ることなく、裏では汚職に手を染め、利益を得ている。許せない。こんな人物に首相を任せておくわけにはいかない。何とかしなければならない。

中岡は苛立った。第一次世界大戦の終結によって、日本社会は戦後不況に直面していた。各地で労働争議が起こり、大正デモクラシーの狼煙《のろし》が上がっていた。

しかし、庶民の暮らしは一向に良くならなかった。失業者は増え続け、帝都・東京は貧しい農村から流れてきた貧困層で溢れた。

一九二一年九月上旬、中岡は大塚駅助役の橋本栄五郎と雑談をしていた。話題が政治に及ぶと、橋本は厳しく原首相を非難した。中岡はこれに同調した。しかし、原内閣は強固な基盤を有し、簡単に内閣が崩壊するようには思えなかった。国民の大多数は、原内閣の退陣を望んでいるにもかかわらず、原が失脚する道筋は見えなかった。

中岡の脳裏に、ある思いがよぎった。

一身を賭して首相を殺害せば原内閣は倒れ国民は悪政より救はる［中岡1934：39］

しかし、彼はその思いを打ち消した。「暗殺の決意」を固めるなど、簡単にはできなかった。直後の一九二一年九月二十八日、朝日平吾による安田善次郎刺殺事件が起こった。世の中は、事件当初こそ朝日を批判したものの、安田財閥の遺産相続問題が表面化するに従って、逆に朝日を英雄視する風潮が広がった。

事件翌日、大塚駅の信号室の中で、中岡は橋本と話した。橋本はしきりに「安田善次郎を攻撃し、朝日平吾の所為を褒め」た。中岡はその言葉に同調し、原首相の暗殺が必要だとの考えを口にした［中岡1934：33-34］。

橋本は同意したものの、「お前より偉ひ者が狙つてゐてさへ遣れないのを、お前の様な者が大きな事を言つても、遣れるものか」とからかった［中岡1934：34］。

中岡は悔しかった。彼は発作的に反発し、「死を覚悟してやれば出来ないことは無い」と言った。中岡は、朝日平吾に触発される形で、テロの覚悟を決めた［中岡1934：34］。

中岡に対する判決書には、次のように記されている。

> 未だ暗殺の決意定まらざりし処、たまく同月二十八日、壮士朝日平吾が富豪安田善次郎を刺殺して自害せる事あり、良一はその翌二十九日新聞記事に依りて之を知ると共に、世の同情善次郎に薄くして却つて平吾に厚きを見、また被告人栄五郎が之を以て、富豪覚醒の端を開くものとして平吾を称讃するを聴き深く平吾の挙に感激し、同月三十日夜、熟慮の末遂に平吾に倣ひ原首相刺殺を断行せんことを決意し……［中岡1934：39］

十月一日、彼は橋本に「駅前の西洋料理屋に借金を払ふのに要るから」と嘘をついて、五円を借りた。そして翌日、その金をもって西巣鴨の中川という金物屋に行き、短刀を買った。

中岡は、即座に暗殺を実行しようとした。この日の新聞に、原が夜十時ごろに上野駅で降車する予定であると報じられていたため、短刀を携えて上野駅に向かった。しかし、到着した時には、すでに原はおらず、テロを実行することができなかった。九日には、原が乗る電車に同乗し、チャンスをうかがったが、この時も実行に移すことができなかった。

そして、十一月四日。原が、東京駅から夜七時三十分の列車に乗るとの情報を摑んだ中岡は、東京駅へ向かった。切符売り場の前に立ち、到着を待った。すると、突然、首相一行が姿を現し、駅長室に入っていった。

中岡が待っていると、原が再び姿を現した。

――「今だ!」[中岡1934:7]。

彼は右手に短刀を持ち、原に向かって突進した。そして、原にぶつかり、右胸を一突きした。

原は即死だった。中岡は、駅前の派出所に連行され、逮捕された。

日本は騒然となった。時の首相の暗殺事件は、瞬く間に報道され、国民に衝撃を与えた。

世の中は、原暗殺の話題で持ちきりになった。人々は、相次ぐテロに恐怖心を抱いたものの、一方で批判と疑惑にまみれていた原の暗殺に共感を示した。先行きが不透明で苛立ちが蔓延する世相の中、中岡の行為は密かに喝采を浴びることとなった。

岩波書店の創業者・岩波茂雄は、社員の小林勇に「中岡が原敬を刺したのは偉い」と言い、「君はいくつだ」と聞いた。小林が「十九（数え年―引用者）だ」と答えると、「それでは中岡と同じ年ではないか、君には到底こんなえらいことはできないだろう」と言ったという［小林 1963：29–30］。

不況と政治不信が拡大する中、テロを容認する風潮が静かに浸透していった。朝日と中岡の鬱屈は不透明な社会と呼応し、暴力を顕在化していった。

東京駅が開業して七年。華やかな帝都の玄関口は、一転して不穏な時代の空気を象徴する現場と化した。

.4 難波大助と虎ノ門事件

霞が関の虎ノ門交差点には、旧文部省庁舎が建っている。この建物の竣工は一九三二年。官庁街の震災復興庁舎の好例として、登録有形文化財に指定されている。

文部省庁舎ができる以前は虎ノ門北公園だった。交差点では市電が行き交い、沿道は商店が軒を連ねていた。

一九二三年十二月二十七日。ここで突如、銃を発砲した青年がいた。難波大助。銃口の先にいたのは摂政宮（のちの昭和天皇）だった。

午前十時四十二分。議会の開院式に出席するため自動車に乗った摂政宮は虎ノ門交差点に差し掛かった。すると、難波が群衆の中から飛び出し、自動車の傍まで駆け寄って、引き金を引いた。

弾丸は窓ガラスを突き破り、天井に突き刺さった。割れた窓ガラスで、隣に座っていた侍従長は、顔に傷を受けた。しかし、摂政宮に怪我はなく、自動車は無事、議会に向かった。

難波は「革命万歳」を連呼した。しかし、すぐに取り押さえられ、群衆に袋叩きにされた。警官が麻縄で手足を縛ると、警視庁に連行した。

2020年オリンピック・パラリンピックを日本に
富士の国やまなし国文祭

難波が生まれたのは一八九九年十一月。山口県熊毛《くまげ》郡周防《すおう》村（現在の光市）の名家の四男として生を享けた。父・作之進は県議会議員を務めた名士で、熱心な皇室中心主義者だった。家庭内では抑圧的な家父長主義者で、子供たちには厳しい躾《しつけ》を行った。

兄たちは父に従順で、優等生だった。長男は東京帝国大学に進学し、二男は京都帝国大学に進学した。父も兄たちに大きな期待をかけた。

一方で、父は難波に対して冷淡だった。兄とけんかすると、彼だけが叱られた。中学校進学を希望しても、父は認めず、兄の説得によってしぶしぶ許すほどだった。難波は、父からの差別的扱いに傷つき、孤独感を抱いた。しかし、父のことが恐ろしく、いつも黙って従った。

希望する名門・山口中学には進ませてもらえず、父の指図に従って徳山中学に入学した。しかし、寄宿舎に入ることを許されず、遠路の通学を命じられた。

難波は、がんばった。朝早く起き、汽車に乗った。しかし、それでも毎日遅刻した。始業時間には、どうしても間に合わなかった。

二カ月ほど、つらい毎日が続いた。すると、ようやく父が折れ、寄宿舎入りを認めた。しかし、父は徹底した節約を命じた。難波は鉛筆やノートを買う際にも、ビクビクしながら金額を請求した。そんな彼を、母だけがやさしく包み込んだ。

しかし、悲劇が起こる。

一九一七年二月、最愛の母が亡くなった。心臓病だった。難波は、母の死因を父の専制的態度にあると考えた。母は父に殺されたと思った。怒りと悲しみが沸き起こった。

難波は、無断で学校を辞め上京。友人の下宿に身を寄せたものの、郷土の同級生から説得され、帰郷した。私立鴻城中学に編入学したが、再び東京へ脱走し、新聞取次店で配達をしながら勉強に励んだ。

その後、京都の兄のもとなどを転々としつつ、一九一九年九月に、東京で予備校へ入学し、四谷の物置同然の部屋に下宿した。

当時、四谷鮫《さめ》ヶ橋《はし》一帯は、東京を代表する貧民街だった。周囲は土地の低い湿地帯で、所狭しとバラックが立ち並んでいた。街角では公然と残飯が売られ、男は人力車夫や土工、女はたばこの紙巻きなどの内職に携わっていた。

難波は、このスラム街の生活を体験し、政治に目覚めた。彼は社会主義的潮流に関心を持ち、世の中の不条理に対する反抗心を抱き始めた。心の底から湧き上がる怒りには、幼少期から抑圧されてきた父への鬱屈が含まれていた。資本家から搾取される下層民の姿が、自らの家庭内での境遇と重なった。

一九一九年は、第一次世界大戦後の不況の中、大正デモクラシーの機運が高揚していた。若き活動家たちが普通選挙を要求し、政治への不満をあらわにした。

難波は、この運動に合流した。普通選挙を主張し、拳《こぶし》を振り上げた。しかし、現実は甘くはなかった。普通選挙に消極的な原敬首相は、一九二〇年二月二十六日に衆議院を解散し、運動拡大を阻止した。

難波は失望した。そして、激しく憤った。議会政治への期待は瓦解し、政治不信が強まった。しかし、この後、身近なところで問題が起こった。あろうことか、解散後の総選挙に、父が立候補したのである。

難波は強く反発した。議会は嫌悪の対象だった。しかも父には特別な主義や主張など全くなかった。父が抱いていたのは、名誉欲のみだった。厳しい倹約を義務付ける父が、選挙に莫大な資産を投じる姿は、難波の反抗心に火をつけた。

父は見事に当選し、衆議院議員の座についた。難波は父への態度を一変させ、激しく反発した。彼にとって父の行動はペテン以外の何物でもなかった。父への畏怖は一気に崩壊し、憎しみだけが肥大化した。

難波は、受験に失敗し続けた。無理な生活がたたり、床に伏すこともあった。そのころ雑誌『改造』を読みはじめ、社会主義思想への関心を強めて行った。

一九二一年三月には早稲田高等学院を受験したが、不合格に終わった。彼は新聞配達に従事し、無産者生活の苦しみを味わった。

この年の『改造』四月号に、河上肇の「断片」が掲載された。河上はツァーリズム下のロシアでテロリズムが勃興した必然性を説き、「良心が暗殺に導くことを注意せよ」と説いた。河上は、ロシアで起こったテロリズムを日本に投影し、世人に警告を与えた。

難波は、この論考をむさぼり読み、テロリズムに惹かれていった。テロリストの悲壮な行為が胸に迫ると共に、専制政治に反抗して生きる意志を抱いた。

さらに難波は、一九一〇年の大逆事件に関心をもった。彼は上野図書館で、当時の新聞を読み、憤った。その怒りは、権力へと向かうと同時に、この事件を契機として失速した社会革命運動に対して向けられた。彼は幸徳秋水の同志たちを「意気地のない」人間とみなし、「私が死を決してテロリストとなってやってみやう」と心に決めた。

難波は言う。

生まれて初めての、泣いてもわめいても飽き足らぬ憤慨と憎悪との最大限を、俺れは味ったのであった、事成らず、若き同志達は無限の怨みと呪ひを残して断頭台へと上って行ったのだ。同志達の無念を思ふ時――そして残った同志達がわけもなく権力階級の鉄槌に窒息したのを思ふ時――俺れは彼等の呪ひを呪ひとして、猛然テロリストとして立たんと決心したのだった。［原1973：66］

彼の権力階級への怒りは、父への嫌悪感と直結していた。受験に失敗し続ける彼を見下す兄に対しても、憤慨がマグマのように湧いて出た。家庭における抑圧者は、社会におけるブルジョアジーと直結した。そして、その頂点に天皇が存在した。

彼の暴力衝動は、父の延長上に存在する天皇へと向けられた。自己に苦しみを強いる存在は、天皇に集約された。

人間らしく生きることを阻害する存在。自己に屈辱を植え付ける存在。父、兄、ブルジョア、そして天皇――。

難波の希望は、テロリズムへと向かった。

私が共産主義者になった、それは不思議でも何でもないのであります。私がただ人間的人間に過ぎなかったのであります。家族内の専制君主、父・長男の専横から、私の叛逆心が養成せられ、私有財産の専有者戸主の貪慾から、私の社会主義が芽をふいたのであります。

[原1973：35-36]

一九二二年三月、彼はようやくのことで第一早稲田高等学院に合格したが、翌年二月には中退し、深川富川町の木賃宿に住み込んだ。彼は下層労働者として働くことで無産階級と同化しようとした。

労働は過酷だった。仕事は不安定で、食べ物に事欠くこともあった。しかし、その苦境は、彼の信念を一層強化した。

厳しい環境での生活は、体を蝕んだ。彼は脚気を悪化させ、帰郷を余儀なくされた。その後も東京と山口を往復する生活が続き、一九二三年十月、結果的に実家に落ち着くことになった。

　そこで知ったのが関東大震災後の亀戸事件だった。震災後の混乱の中、労働運動の活動家が逮捕され、処刑されたことを知り、難波は憤った。彼は「上野図書館で味はったと同様な異常な緊張と覚悟とを覚へ」、テロの意志を固めた。

　彼は父が所有していた猟銃を使って、二等の狩猟免許を取得。狩りを楽しむふりをして、射撃訓練を行った。そして、十二月二十二日に父のステッキ銃をもって山口を発ち、東京を目指した。途中、京都で友人宅に泊まり、二十七日に摂政宮の行啓《ぎょうけい》があることを知った。彼はテロ決行の趣意書を作成し、東京駅前の中央郵便局から新聞社に送り付けた。

　そして、その足で虎ノ門交差点に向かい、群衆の中に紛れ込んだ。彼はレインコートの中で銃を握り、指を引き金にかけた。すると、不意に自動車が接近してきた。前の子供を突き飛ばし、自動車に駆け寄った。銃を取り出し、窓ガラスに向けた。銃口からガラスまでわずか十センチ。皇太子の顔と銃が重なった。

　難波は引き金を引いた。弾はガラスを貫通した。仕留めたと思った。しばらく自動車の後を追い、「革命万歳」を叫んだ。

　この時、銃口の先の皇太子が、父と重なったのだろうか。

　難波は翌年、刑死。父も断食の末、自宅で餓死した。山本権兵衛内閣は総辞職。警視総監・湯浅倉平と警視庁警務部長・正力松太郎《しょうりき》も懲戒免官となった。

理想社会は天皇によって構成されると考える右翼と、天皇こそが障害物と考える左翼。天皇による平等。天皇なしの平等。この両者は背中合わせの関係にあった。彼らは「煩悶」からの救済を「超国家」に求め、手段としての暴力を肯定した。その違いは紙一重だった。根底にあるナイーブな疎外感・不全感と、その解消のための政治的ユートピアの希求、そして暴力によって理想社会を実現しようとする性急さは同一のものだった。

昭和に入ると、両者が混在する暴力が、規模を拡大して顕在化する。

.5 佐郷屋留雄と「新しき村」

東京駅の中央通路。東北・上越・北陸新幹線北のりかえ口を出て階段を下りると、足元に一枚だけ色の異なるタイルがある。一九三〇年十一月十四日、時の首相・濱口雄幸《はまぐちおさち》が狙撃された場所である。濱口は一命を取り留めたものの、翌年、傷が悪化し死亡。首相としての職責を果たしきることができなかった。

濱口を撃ったのは佐郷屋留雄。当時二十一歳の青年だった。

佐郷屋は一九〇八年、満州で生まれた。日本統治下の朝鮮で小学校を卒業し、大陸にロマンを求めて馬賊に入隊した。中国では清朝末の治安悪化に伴い、騎馬で自衛を行う馬賊が出現した。無限に続く草原を疾走することが、彼の憧れとなった。

しかし、夢は長くは続かなかった。彼は母のいる日本に渡り、船の乗組員の仕事に就いた。乗船した営口丸は三池・神戸・大連を航行する貨物船だったが、次第に愛想が尽き、大連で仕事を放棄した。そして、密かにシンガポールに渡り、出版社に入社した。

彼はここで日本の南進を鼓舞し、壮大な理想主義を掲げた。一年ほど勤めたのちにシンガポールを去り、鹿児島に上陸した。

佐郷屋のロマンの先には「新しき村」があった。「新しき村」は一九一八年に武者小路実篤らが宮崎県に開いた理想主義的コミューンで、農業を中心とする自給自足生活が展開されていた。そこでは我欲を超克した真の自己が探求され、階級間の対立と搾取を超えた平等の実現が志向された。

佐郷屋は「新しき村」に希望を託した。彼は人間修業を積むことで自己革新を果たし、理想社会の中に生きようとした。

しかし、彼の耳には社会の窮状が伝わってきた。世の中では濱口政権が金解禁を断行し、デフレ不況が深刻化していた。さらに追い打ちをかけるように世界恐慌が起こり、社会不安が拡大した。

佐郷屋は憤った。彼は濱口内閣を「資本家ブルジョアジーの要望に依り其の搾取手助けのために登場」した悪党とみなした。街には失業者があふれ、中小企業は次々に倒産した。「自殺、心中等は飢餓の苦痛を免れんがために到る処に行はれ、而も食はんがための止むを得ざる犯罪は頻々として起り、世相は益々深刻になりゆくのみ」だった［佐郷屋1932］。

政治家たちは的確な政策を打ち出すことができなかった。それどころか、自らは財閥と結託し、豊かな生活の中で悠然としていた。

同胞をして飢餓線上に彷徨せしめておきながら、彼等自身は高層な邸宅に住居して飢へた

と云つては美食佳肴に飽き疲れたと云つては、別荘に走る等の奢侈を平然としてゐたのであります。彼等が斯る奢侈に陶然としてゐる中にも彼等に依つて打ちのめされた同胞は、飢餓にかられて自殺心中犯罪等の惨ましい姿を現出してゐるのであります。政治家である事が何故斯る不公平な生存が許されるでせうか。[佐郷屋1932]

佐郷屋は許せなかった。社会が疲弊する中、資本家と結託して甘い汁を吸う政治家に我慢がならなかった。

彼の脳裏に、一つの言葉が響いた。

――「一君万民」。

この国の国体では、天皇という超越者のもと、すべての国民は平等である。庶民もブルジョア資本家も政党政治家も、すべては天皇の赤子《せきし》であり、平等な「万民」である。それなのに、なぜ格差が生じているのか。なぜ、大衆は飢え、ブルジョアは肥え太るのか。

大衆も陛下の赤子であり国民であれば彼等政治家も亦赤子であり国民であるのです。斯くの如き憎む可き現状を見て飢餓のドン底にあへぐ痛ましい同胞の姿を見る時、而して其の同胞窮乏の原因が資本家ブルジョアジーの手先きたる政党政治家にある事を知つた時、私共は断じて黙視する事が出来ないのであります。[佐郷屋1932]

佐郷屋は資本主義を根本的に否定した。そして、社会を資本主義段階の先へと進化させなければならないと考えた。

彼はのちに北一輝に宛てた書簡の中で、次のように述べている。

過去の歴史が貴族、宗門、武家、封建、等々の諸制度を経て今日の資本主義制度に達したやうに、従って今日の資本主義制度も曾ては、夫の建設当初は、最も国家社会に適応した制度でありましたが現在は既に固定化して進化し行く国家社会に適応しなくなつたのであります。今や日本は此の固定化した資本主義を更新して次の制度に入らんとしつゝあります。
［佐郷屋1974：623］

ブルジョアの打破。資本主義の否定。そして社会の進化――。

佐郷屋の夢は、急速にマルクス主義的革命へと接近していった。しかし、彼は「赤化」しなかった。彼は、日本国体に回帰することによって、現状打破と理想社会の実現を成し遂げられると考えた。

「新しき村」に留まることはできなかった。今こそ立ち上がらなければならないと考えた。佐郷屋は義憤を抱えたまま「新しき村」を後にし、一路、東京を目指した。

一九三〇年七月、彼が上京して門を叩いたのは岩田愛之助の「愛国社」だった。彼は現状打破を志向する同志と生活を共にし、社会進化へのきっかけを模索した。

この時、世の中ではロンドン海軍軍縮条約をめぐって濱口内閣への批判が巻き起こっていた。この条約ではこれまで無制限だった補助艦艇の保有について、制限を設けることが協議された。緊縮財政をとっていた濱口内閣は軍縮路線を選択し、補助艦保有量の制限に応じた。

これに対して、国内の反対勢力は「統帥権干犯」を主張した。大日本帝国憲法の第十一条には「天皇ハ陸海軍ヲ統帥ス」とあり、天皇に統帥大権があるとされていた。そのため、政府が海軍の兵力量を天皇の承諾なしに決定したのは憲法違反であるとの声が高まり、濱口内閣は窮地に立たされた。

右翼陣営は、一斉に濱口を攻撃した。条約では補助艦の保有比率がアメリカに対して七割弱に制限されており、更新は五年後の一九三五年とされた。彼らはこの不平等性を問題視し、批判を強めた。

彼らは切迫感に駆られていた。

――もしこの条約を批准してしまえば、アメリカとの間に歴然とした海軍力の差がついてしまう。そうすれば圧倒的な軍事力の前に、日本はアメリカの言いなりになってしまう。そんな屈辱的な条約を、天皇の統帥権を干犯する形で強引に締結しようとしている。何とかしなければならない。時間がない。

佐郷屋も、密かに焦燥感を募らせた。彼の眼には、条約締結を進める政党政治家たちが「自己等の売名的野心を満たす」ことに専念しているように映った。また、濱口の軍縮路線は経済政策の失敗による「予算上の赤字を補うため」の一時しのぎにすぎないように思われた［佐郷屋1932］。

佐郷屋の怒りは日に日に高まった。彼は同志と共に、右翼の弁論会を聴きに行った。そこでは登壇者が雄弁に統帥権干犯を批判していた。しかし、「身を挺してこの解決に当ろうという者は一人もなかった」［荒原1993：77］。

――これでは、いつまでたっても事態は打開されない。

佐郷屋は高揚と落胆を繰り返した。そして、徐々に腹を決めて行った。

ある日、弁論会からアジトに帰ると、仲間がふと「われわれで濱口をやろうか」と漏らした。すると、佐郷屋は昂然として「僕がやります」と答えた［荒原1993：77］。首相暗殺計画が動き出した。

佐郷屋は同志からピストルを手に入れると、濱口の動向を探った。首相は鎌倉に別荘があり、週末はいつも車で鎌倉を訪問していた。佐郷屋は実地調査を繰り返した。しかし、走る自動車を狙撃し、濱口に弾を命中させることは困難に思われた。

狙撃のプロではないため、何とか至近距離で撃たなければならない。警備をかいくぐって、濱口に接近しなければならない。

では、どこで狙うべきか。

佐郷屋の頭に、東京駅が浮かんだ。濱口は頻繁に地方に出かける。その際は、決まって東京駅を利用する。ここしかない。

彼は偵察を繰り返した。濱口が東京駅を利用する様子を何度も観察した。警備は厳重だった。首相の周りを、常に警備の人間が取り囲んでいた。しかし、盲点があった。それはホームの移動中にできる一瞬の隙だった。

一九三〇年十一月十四日、濱口は岡山県で行われる陸軍演習視察のために、東京駅へ向かった。濱口の乗る列車は午前九時発の神戸行き特急「燕」。発車二分前に、濱口は「燕」が停車する第四ホームに現れた。

待ち構えていた佐郷屋は拳銃の安全装置を外し、静かに一礼した。そして、四メートルほどの距離から狙撃した。濱口はその場に倒れ込み、佐郷屋は即時逮捕された。

佐郷屋の引いた引き金は、昭和維新テロの引き金となった。その狙撃音は、連続テロのゴングとなって響いた。この後、佐郷屋のテロに急き立てられる形で、三月事件、十月事件、血盟団事件、五・一五事件が始動する。

第4章
敗北のパトス

.1 小沼正と格差社会

一流ブランドの店が軒を並べる銀座。かつて関東大震災によって壊滅的被害をこうむったものの、いち早く百貨店やカフェなどが建てられ、復興を遂げた。通りにはモダンガールが闊歩し、流行の最先端を担う街として人々が集まった。

当時、銀座の中心街の一角に「扇亀」という染物店があった。京染物を中心に扱っていたため、顧客は山の手の富裕層が多く、時に新橋の花柳界やカフェの女給が買いに来た。

昭和の初め、まだ十代半ばの青年がここで働き始めた。小《お》沼《ぬま》正《しょう》。彼は茨城の平磯町（現、那珂湊市）出身で、一時は大工の棟梁に弟子入りしたものの、身体を壊したため、別の道を歩み始めた。

彼は東京に出て、勉強したいと思った。幸い扇亀は、夜間学校に通うことを認めていたため、希望を胸に東京に出た。しかし、その想いは直ぐに裏切られた。主人は学校に通わせてくれず、夜遅くまで品物の整理をさせられた。連日、朝から晩まで過酷な労働で、身体は悲鳴を上げた。夢のない日々が、小沼に重くのしかかった。

一方で、街はきらびやかだった。ウィンドーは華やかに飾られ、人々は派手に金を使った。店では驚くほどの高額の染物が売れた。「田舎に比べて、東京の人というのはなんとぜいたくなんだろうと、ただもう、あきれるほかはなかった」［小沼1974：43］。

しかし、表面的な絢爛の裏には、過酷な現実が横たわっていた。時代はエロ・グロの全盛期。田舎から出て来た女給たちは、悪質な営業主に騙され、性的サービスに従事した。

——繁栄と退廃。

小沼は銀座の二面性に打ちのめされた。絢爛豪華な街の喧騒は、下層民の苦境によって支えられていた。彼は身体を売る女給たちに自らの苦悩を重ね合わせ、絶望感に打ちひしがれた。「銀座は言わば、華やかな陰に爛《ただ》れてゆく日本の縮図でもあった」［小沼1974：43］。

小沼は銀座を去り、下町・本所のカステラ工場に勤務した。ここの主人は、小沼を可愛がった。彼も主人の温情を意気に感じ、仕事に打ち込んだ。

しかし、主人は事業の拡大に失敗し、経営が傾いた。新工場の建設の際に警察に賄賂を渡さなかったことが原因で、営業許可が下りなかった。建設したばかりの新工場は差し押さえられ、巧妙な手口で乗っ取られた。元の工場もガスを止められ、事業は破綻した。

小沼は憤った。

　権力の濫用と云ふものは国家国民に対する反逆であると私は思ひます、さうして権力を濫用して無辜の良民を搾取する、きめつける《ママ》と云ふ権力の濫用、私腹を肥やす行動と云ふもの

KAGURA
KAGURA

は、暴力行為よりも国家国民に対する罪悪は偉大であると私は思ひました［小沼1968：51］

ある日、小沼は天皇の行幸の列に出くわした。彼が沿道から列を拝もうとすると、警官に退けられた。警官は服装によって国民を峻別し、貧しい身なりの者を沿道から排除した。

小沼の怒りは頂点に達した。

――なぜ貧しいだけで、行幸の列を拝むことができないのか。自分も天皇の赤子ではないのか。この国の国体は「一君万民」ではなかったのか。何故に「万民」の間に差別が存在するのか。

彼の憤慨は役人たちに向かった。

私としては沿道に於ても天皇の行列を拝さうとするのを阻むのは天皇の御心ではない、中間に居る無理解なる役人達が阻止するのだと云ふ風に感じました［小沼1968：60］

天皇と国民の「中間」に存在し、両者を切り裂く者への憎悪が高まった。特権階級、政党政治家、官吏のような「君側の奸」が大御心を阻害するが故に、下層国民の苦悩が拡大すると確信した。

問題は、万民の平等を破壊し、利己主義を助長する資本主義にあると考えた。懸命に生きる下町の工場主が破綻に追い込まれ、銀座では富裕層が浪費する。貧富の格差は極端に拡大し、貧しい者は未来を失う。

小沼は十七歳にして世の中に絶望した。彼は故郷に帰り、無為な生活を送った。意気を喪失し、茫然と日々を過ごした。

強い者には勝てない。弱い者は卑屈に生きるしかない。屈辱は永続し、不平等は構造化する。出口が見えない。希望が見えない。

小沼は、衝動的に海岸に立った。恋人と共に自殺しようと考えた。

しかし、足がすくみ、海に入ることができなかった。母の幻影がちらつき、その場で号泣した。彼は再起を期し、再び銀座の扇亀で働くことにした。しかし、銀座での生活には、どうしてもなじめなかった。本所での下層民の苦境と、銀座の上流階級の生活の間には、埋めがたい格差が存在した。

彼の絶望は加速した。生きることは、苦しみ以外の何ものでもなかった。そんな人生に意味があるとは思えなかった。「死んだほうがよっぽどまし」だと思った［小沼1974：62-63］。

しかし、どうしても死にきることができなかった。どう生きればいいのかも分からなかった。資本主義はおかしい。「君側の奸」が万民の平等を阻害している。街には失業者があふれ、田舎から出て来た女給たちは資本家に身体を売る。こんな世の中は間違っている。しかし、どうすればいいのかが分からなかった。

小沼には、ただ悲しむことしかできなかった。

彼は再び帰郷し、実家に引きこもった。荒れた気持ちをどうすることもできず、日々、死んだように生きた。

そんな時、地元の友人が青年の集いに誘い出した。彼らは素人劇団を結成し、地元の人々を楽しませていた。居場所のなかった小沼は、彼らのグループに加わり、芝居の脚本を書いたりした。

しかし、このグループは次第に宗教色を帯び始める。地元の学校の教員の中に熱心な法華経の信者がおり、彼を通じて題目を唱えることが浸透していった。

そして、この教員が熱心に師事していたのが、大洗《おおあらい》の護国堂に住職として着任していた井上日《にっ》召《しょう》だった。若者たちは次第に井上の信仰に傾斜していった。最初は懐疑的だった小沼も、霊的な夢を見たことをきっかけとして、法華経の信仰へと没入して行った。

日召は、日本における「自然の大法則」は「一君万民」だと説き、弱肉強食の世の中を激しく批判した。日召にとって、資本主義は自然の法則からの逸脱だった。国体に随順して生きれば、国民の幸福は保証されているはずだった。しかし、現実はそうなっていない。天皇陛下は確かに存在し、国民も存在する。なのに多くの国民は幸福ではない。何よりも他ならぬ私が幸福ではない。

これは一体どうしたことなのか。

日召は当初、国民の日本精神への覚醒を「革命」と考え、そのための宗教的啓蒙活動を展開しようと考えていたが、藤井斉《ひとし》ら海軍青年将校との交流を通じて「暴力的改造運動」へと接近し、やがてその中核を担う決意を固めて行った。

日召は国家改造に着手することで、資本主義を打破し、「一君万民」の国体が現前する社会の実現を構想した。そのためには、君側の奸を倒す暴力が必要となる。暴力行為を実行する担い手が必要となる。日召の目に、苦悩する小沼の姿が映った。

日召の教えは、小沼の心に浸透した。暗黒の中でもがいていた小沼にとって、自己の使命を提示してくれる日召は、救世主に他ならなかった。小沼は日召への遵従《じゅんじゅう》を誓った。どんな命令でも疑義を呈さず従うことが、小沼の信仰になっていった。

日召は軍人たちと連携し、十月事件をはじめとするクーデター計画に参画したが、クーデター後の地位に意欲を見せる軍人たちを嫌悪し、袂を分かっていった。十数名の若者たちと一体となった日召は、切迫感に駆られる中でテロに希望を見出し、「一人一殺」「一殺多生」という理念に到達する。彼は、自らが「捨石」となってテロを挙行し、自己犠牲の連鎖によって「君側の奸」を排除した理想社会が実現することを夢見た。

一九三二年二月。

ついにその時がやって来た。日召から指令を受けた小沼は、前大蔵大臣の井上準之助にピストルを突きつけ、心の中で「南無妙法蓮華経」と唱えながら引き金を引いた。警官に身柄を拘束された小沼は、「三昧境に入ったと云ふやうな気持」［小沼1968：406］のまま、警察に護送された。

ここに世を震撼させた「血盟団事件」が幕を開けた。

.2 菱沼五郎と神秘的な暗殺

一九三二年三月五日午前十一時二十分。

十九歳の青年・菱沼五郎は三越本店待合室で腰をあげた。場所は日本橋。向かいには三井銀行本店(現在の三井本館)が聳え立つ。この建物は一九二九年にアメリカの会社によって建築され、外観は新古典主義様式で覆われる。関東大震災の二倍の地震にも耐えられるように設計されており、内装にはヴェネチア産の大理石がふんだんに使用されている。

菱沼は三越の時計で時間を確認すると、三井銀行の様子を探った。玄関前には巡査が辺りを警戒している。近づくと瞬時に怪しまれる雰囲気だ。

彼は玄関前を素通りし、建物の角で立ち止まった。そして、柱に身を隠し、三井財閥総帥・團《だん》琢磨《たくま》の到着を待った。胸元にはピストルを忍ばせている。血盟団の一員として、暗殺実行のためにやってきたのだ。

菱沼は無我になろうと思った。計らいを捨て去り、心を落ち着けようとした。着用のワイシャツには「南無妙法蓮華経」と墨書きして来た。もう時間を引き戻すことはできない。やるしかない。

彼は目を閉じた。雑念を振り払い、ただ無になることを目指した。

どれぐらいの時間が経っただろうか。ふと眼を開けた。まぶしい光が眼に飛び込んでくるのと同時に、一台の黒塗りの自動車が視界に入った。

乗っているのは團。巡査の姿はなかった。

「よし、今だ」［菱沼1968：36］。菱沼は右手で上着を探り、ピストルを握りしめた。そして、勢いよく柱の陰から飛び出し、玄関に向かって走った。

團はゆっくりと階段を上っていた。菱沼は背後にまわり、警護のいない右側から前に回り込んだ。團は足元を見ていたが、人影を感じ、おもむろに顔をあげた。

目が合った。菱沼は無言でピストルを構えた。そして、力を込めて引き金を引いた。

弾は至近距離で命中した。團は前のめりになり、その場に倒れ込んだ。菱沼はとどめをさそうと、再び引き金を引いた。しかし、弾は出なかった。すると、警護官に手をたたかれ、ピストルを落とした。

自決しなければ――。

そう思ったが、もう手中にピストルはない。あっという間に、警護官と巡査に取り押さえられ、身柄を確保された。

横を見ると、團が倒れていた。辺りは騒然となり、応援の警官が駆け付けた。菱沼はやり遂げたという満足感と恍惚感に満たされた。そして不意に「死にたくない」と思った［菱沼1968：37］。

菱沼は子供のころから鉄道の運転士になりたかった。彼は夢を実現するため、東京の岩倉鉄道学校に入学した。

親は、菱沼の夢に反対だった。東京の学校で学ぶには、お金がかかる。世の中が不況で苦しむ中、菱沼家にも経済的余裕はなかった。場所は茨城県大洗。周囲の農村からは、娘たちが東京に売られて行った。

親は地元の商業学校への入学を勧めた。しかし、彼は聞く耳を持たなかった。どうしても鉄道の運転士になりたかった。

結果、一年間仕事をしてためたお金で、岩倉鉄道学校に入った。そして、三年間、必死で勉強し、一九二九年十月、無事卒業した。

この頃、東京では地下鉄が開通したばかりだった。学校には地下鉄運転士の斡旋が多く来たが、菱沼は関心を示さなかった。風景の中を駆け抜ける車両を操ることが、憧れだった。

翌年の春になって、東上線池袋駅に就職口があるという話が舞い込んだ。彼は喜んだ。これで夢への一歩を踏み出すことができる。運転士になることができる。

胸を期待で膨らませ、鉄道一般試験を受けた。結果は合格。あとは、身体検査を通過するだけだった。

しかし、ここで問題が生じた。「紅緑色盲弱」と診断され、検査不合格となったのだ。身体検査に通らなければ、運転士になることはできない。しかし、先天的な色覚異常は、治療したところで簡単に治るものではない。当時は偏見も強く、就職時の差別も強かった。夢は永遠にあきらめなければならない。どうすればいいのか。これまでの努力は無駄だったのか。

菱沼は絶望した。

今迄専門的のことを学んだことが水泡に帰し、又将来鉄道で身を立てようといふ私の志望も駄目になり、同時に父兄の期待も裏切る結果となりました。夫れで私は失望しましたが又半面に於て自覚したことは、学校当局が入学に際して何等一応の体格検査もせず鉄道員として致命的なる色盲の者迄入学せしめるといふことは余りに無責任であり営利主義極ると思ひ憤慨しました。親の粒々辛苦に依って卒業した私は非常に癪に障り又非常な公憤も感じました。[菱沼1968：7]

彼は苛立った。心はささくれ立ち、怒りが湧きあがった。

最早、実家に帰るしかなかった。職のあては全くない。将来が全く見えない。菱沼は鬱屈を抱えながら、実家にひきこもった。

その時、彼に声をかける者があった。地元でメンバーを増やしていた法華経の信仰グループだった。彼は、もともとは「仏教が大嫌」で、「寺よりも神社の方が偉いと云ふ観念」が強かった

［菱沼1971：224］。親族の者が法華経集団に加わっても、冷ややかなまなざしを向けていた。

しかし、この時は違った。追いつめられ未来を失った彼は、急速に信仰に傾斜し、暇を見つけては題目を唱えるようになった。

そして、その延長線上に井上日召がいた。大洗の護国堂で世直しを構想していた日召のもとには、既に若者たちが集まり始めていた。菱沼は次第にその輪に加わり、日召の指導を受けるようになった。

日召は、煩悶の先の未来を見せてくれる唯一の存在だった。自己の救済と社会の救済を一体的に捉える主張は、彼の心を揺さぶった。世の中は荒廃し、農村の疲弊は深刻化していた。しかし、都会の資本家たちは自己利益の追求ばかりで、弱者の存在を踏みにじっていた。現に自分も学校の営利主義の被害者だった。生まれつきの色覚異常だったにもかかわらず、鉄道学校が検査もせずに入学させたことは、詐欺以外の何ものでもない。これを資本家による搾取と言わずして、何と言うのか。

このような世の中は、根本的に間違っている。自己の変革と共に、社会も変革しなければならない。みんな本当の生命を生きていない。真の喜びに満たされていない。

菱沼は、日召の下で宗教的体験を重ねるに従って、世直しへの意志を高めていった。日召が次第に、暴力的革命による救済というヴィジョンに接近していくと、彼もその考えに従った。

菱沼は日召の指示で、上京した。そして、円タク会社に就職し、東京の道路を覚えた。いつテロ命令が来ても要人を襲撃できるよう心の準備を進めた。

そして、その日がやってきた。

一九三二年二月九日。同郷の友人で、血盟団メンバーの小沼正が前大蔵大臣の井上準之助を暗殺したのだ。

——次は自分だ。

そう思ったものの、まだ迷いがあった。ピストルを受け取っても、心は定まらなかった。当初は鈴木喜三郎の暗殺を指令されたが、うまくいかなかった。そのため、警護が比較的甘い團の暗殺に変更された。

菱沼は船橋へ行き、海辺の土手でピストルの試射をした。銃弾の手ごたえが、暗殺実行のリアリティを高めた。

もうやるしかない。自己が救われるためには、世界が救われなければならない。この暗殺は神意に基づいたものだ。神の導きによって、テロを実行するのだ。これは宗教的供犠《くぎ》だ。神秘性を帯びた暗殺なのだ。

そう考えた菱沼は、試射の翌日、日本橋に向かった。そして、團に向けて引き金を引いた。一瞬の出来事だった。暗殺は成功した。


神秘的な事が自分には沢山ある。自分の暗殺は神秘的な暗殺である。目的を果した時に自分は始めて、自分と云ふ者を認め、團と云ふ者を認めた。

其れ迄團が自分であり、自分が團であつた。此の心理は客観的観察又は人の話等に依つて味はれるものではない。

自分は目的を果して自分を認めた時に始めて神意に叶つた事を喜び又第二義的な種々なる妄想の湧いて来るをどうする事も出来なかつた。［菱沼1971：228–229］

テロの瞬間、自己は宇宙における有機的な役割を果たした。團も、世の中の罪を背負って凶弾に倒れた。自分ははじめて自分の存在を認め、團を認めた。神秘性の中に包まれた。

菱沼の鬱屈は恍惚に変わった。これで自分も世界も救済される。そう信じた。

しかし、世界はそう簡単には変わらない。血盟団メンバーは一斉に逮捕され、獄中に繋がれた。非合法的な暴力は、合法的な治安維持権力の暴力を拡大させる。政党政治家は依然として権力を握り、内閣は存続する。

この絶望的状況が、新たなテロを生み出した。約二カ月後、血盟団と行動を共にしていた海軍青年将校が一斉決起する。

五・一五事件である。

.3 藤井斉と五・一五事件

総理大臣官邸前は、いつも物々しい。無数の警官が、眼光鋭く辺りを見回している。その威圧的なまなざしを浴びながら、人々は足早に通り過ぎる。

現在の官邸は二〇〇二年に竣工された。以前のアールデコ調の洋館は、曳家《ひきや》（建物をそのままの状態で場所をずらすこと）工事によって移動され、いまでは総理大臣公邸として利用されている。この建物は一九二九年に完成し、多くの歴代首相の生活の場となってきた。

一九三二年五月十五日――。その日は日曜日だった。

官邸では、「喜劇王」チャールズ・チャップリン来日を歓迎する会が催される予定だったが、当のチャップリンが急な思いつきで相撲観戦に出かけてしまい、歓迎会はキャンセルとなった。時の首相は、犬養毅《つよし》。彼は急遽、公式行事がなくなったため、家族と共に平穏な休日を送ることとなった。

夕方五時半ごろ。官邸に、二台のタクシーが到着した。

車中から出てきたのは、制服姿の若い海軍軍人たち。彼らは警備の警官に拳銃をつきつけ、日本間に案内するよう脅した。

日本間には、犬養と家族がいた。拳銃を持った青年将校を目にした犬養は、「向こうへ行って話そう」と応接間に移るよう促した。犬養は「話せばわかる」と声をかけたが、「問答いらぬ、撃て、撃て」という掛け声によって次々に引き金がひかれた。犬養はその場に倒れこみ、青年将校たちはすばやくその場を立ち去った。世に言う「五・一五事件」の発生である。

彼らは、その足で警視庁に行き、窓ガラスを破壊。さらに車内から日本銀行の建物に手榴弾を投げつけた。同じ時刻、別の青年将校のグループは内大臣・牧野伸顕の自宅に手榴弾を投げ込んだが、殺害は失敗。次に警視庁を襲撃し、ピストルを乱射した。他のグループも立憲政友会本部を襲ったが、手榴弾が電柱にあたって破裂しただけに終わった。

この一連の事件を主導したのは海軍中尉・古賀清志だった。他にも海軍の三上卓や山岸宏などが加わったが、本来その中心にいるはずの青年の姿がなかった。

藤井斉《ひとし》。海軍内で政治活動をリードし、若き日からアジア主義を掲げて政府を批判する熱血漢だった。

一九〇四年に長崎県平戸に生まれた彼は、炭鉱経営者の家に生まれたが、父が事業に失敗。幼少期から佐賀で貧しい生活を余儀なくされた。彼は一家を支えるため、海軍兵学校に入った。

藤井は世の中の不平等に憤った。世の中には貧困が蔓延している。国民は階級によって分断され、一君万民の理念は足蹴にされている。貧困によって地域社会は引き裂かれ、次々に家族は瓦

解する。一家の温かい団欒は崩壊し、冷たい市場原理に曝《さら》される。

藤井は、帰省するたびに、荒廃してゆく郷里の様子を目の当たりにした。荒んだ世相は、人々の絆を解体する。〈自己の心〉と〈他者の心〉は分裂し、空々しさばかりが蔓延する。繫がっていたはずの〈あの人〉が、今は資本の論理によってそっぽを向く。空虚な絶望ばかりが、世の中を覆っていく。

――温もりある団欒の時間を打ち崩すのは誰か。私たちは何によって幸福を奪われているのか。

藤井の怒りの矛先は、次第に核心に迫っていった。


互に相助けつゝ登高道義の一路をたどる時、貧苦窮乏はさほどまでに人心を荒ましむるものにあらず。肉身《ママ》の情一家の団欒、之が天下社稷の大本也。而して之を破るものは貧なり、又道を知らざることなり。［藤井1990：690–691］

藤井は相互扶助を基礎とする人々のつながりを求めた。親子の情や一家の団欒が機能していれば、社会の連帯も自ずと機能する。貧しくとも慎ましやかな共同性が現前する。しかし、目の前の人々は分断されている。問題は、現代の貧困の性質にある。人々の絆を破壊する貧困とは何か。人心を荒廃させる力とは何か。

藤井の答えは明確だった。それは、現代社会を席巻する資本主義という妖怪に他ならなかった。資本主義によって「社稷《しゃしょく》」は解体され、人々は道を失う。

「社稷」とは古代中国で生まれた概念で、土地の神の祭壇（＝社）と穀物の神の祭壇（＝稷）の総称である。古代中国では土地と穀物が神聖視され、為政者は国家祭祀として社稷を祭った。

この社稷という概念を重視したのが、農本主義者・権藤成卿《ごんどうせいきょう》だった。彼は、日本の記紀神話における「アメツチノカミ」に社稷の原型を見出し、日本国家の根本伝統と見なした。権藤の思想的特徴は、日本における社稷が民衆の自治によって支えられてきたことを強調する点にあった。

社稷は国家に先行し、共同体を形成する。国家が解体しても、社稷はなくならない。国境なき「超国家」と「社稷コミューン」は矛盾しない。風土気象に依拠して形成される自然的秩序の論理こそ「社稷の原理」であり、人類が一つになっても社稷コミューンは永続する。人間の共同性の本質は社稷であり、それは国家に還元されない。

貧しさの中、家族の団欒とコミュニティーの相互扶助を求めた藤井は、権藤の思想に傾斜した。彼は権藤の『自治民範』を繰り返し読み、自らの世界観を構成した。そして、その思想の先に、革命の実行が志向された。

藤井が構想した革命とはいかなるものだったのか。

彼にとって、社稷を歪める犯人は、「中間階級」だった。「華族と財閥と官僚、政党と宗教、教育家」こそが社稷を切り刻み、庶民の生活から団欒を奪っている。この「中間階級」こそ「粉砕」しなければならない。暴力によって彼らを排斥し、社稷を取り戻さなければならない。「社稷を冒読《とく》し民生を傷ふもの、吾人の敵なり」［藤井1990：664］。

藤井は、権藤の思想によって相互扶助的ユートピアを構築しようと考えた。しかし、その前にどうしても現体制を破壊しなければならない。「中間階級」に支配され、淀みの中にある秩序を打倒しなければ、次の建設に着手できない。権藤の理想を実現する前に、暴力が必要になる。権藤思想だけでは、社稷は貫徹しない。

藤井は、実行力を持った破壊的指導者を必要とした。そして、共に暴力革命を遂行する仲間を求めた。

そんなとき、突如として目前に現れたのが井上日召だった。藤井は日召が放つ宗教的オーラに吸い寄せられ、その精神力の強さに魅せられた。

――この人こそ、自分たちを革命に導く指導者だ。

そう考えた藤井は、古賀、三上ら海軍青年将校の同志をつれ、日召のもとに通った。そして、血盟団のメンバーとともに暴力革命への意志を固めていった。

　世に家庭の平和なきより甚だしき不幸なし。あゝ我れこの苦汁を万民のために除かむかな。世には平和あれ、万民の家庭は円満なれ、我はその為には生命を顧みず、人世の毀誉と褒貶と幸福と、我に於て何かあらむ、これ革命道也［藤井1990：721］

藤井の目指した社稷コミューンの構想は、万民の解放を目指していたため、マルキストの理想と近接していた。藤井はクーデターによって「文武一致、軍政軍令一体」の革命政府を樹立し、最終的には「自治を徹底せしむ」段階への到達を目指した。

自己利益を追求する右翼や軍人に嫌気がさす中、彼は自己犠牲を厭わない共産主義者に、強いシンパシーを感じた。共産主義者たちは「日本革命の戦士」と同一の精神だと思い、ソ連の「共産革命綱領」をむさぼり読んだ。

しかし、マルクス主義はどこまでも「観念的」で「公式的」だった。それでは真の革命は成就しない。物質的な幸福を手に入れることはできても、心と心のつながりは回復しない。人々は永遠の疎外の中に置かれ、苦悩を続ける。

藤井は、共産主義者を自らの革命運動の中に取り込み、唯物論の限界を突破しようと考えた。マルクス主義者は共に革命を目指す同志に他ならなかった。

> 吾人の精神運動が彼等（共産主義者たち――引用者）を克服し併合せむ。之日本革命の一部なり［藤井1990：662］
>
> 左翼との提携を為さんと欲す。無産者と軍隊と合一する時、日本の革命は初めて成就す。［藤井1990：667］

藤井は「自給自足の自給社会」を夢見て、革命運動に奔走した。しかし、一九三二年一月、事態は急変した。第一次上海事変の勃発である。海軍軍人である藤井には直ちに戦地への派遣命令が下され、日本を離れることになった。彼は、後ろ髪を引かれる思いで戦地に赴いた。

そして、二月五日。藤井は操縦する戦闘機が撃墜され、上海上空で戦死した。日本海軍搭乗員としては最初の戦死者となった彼は、新聞で大きく報じられた。海軍青年将校や血盟団メンバーは大きな衝撃を受け、テロ実行への意志を藤井に誓った。

五月十五日。

藤井の思いを受けた海軍青年将校たちは、犬養首相を暗殺した。そのラディカルな行為は、藤井との友情の証だった。固い絆は、社稷ユートピアへの狂おしい想いと一直線に繋がっていた。

.4 橘孝三郎と電気

東京の東部を流れる荒川は、大正から昭和初期にかけて掘削された人工河川である。工事期間は十七年。一九三〇年に完成した。広い河川敷からは、野球をする子供たちの歓声が聞こえてくる。

ＪＲ総武線に乗り荒川を渡ると、近くを送電線が並走する。これは埼玉県吉川市の北葛飾変電所から続く亀戸線で、素っ気ない外観の巨大な箱型の建物に吸い込まれていく。

そこは東京電力亀戸変電所。鉄塔の間から、東京スカイツリーが顔をのぞかせる。

一九三二年五月十五日、ここに手榴弾を手に忍び込んだ若者がいた。矢吹正吾。水戸の農本主義団体・愛郷《あいきょう》塾のメンバーで、集団生活をしながら、農業に勤しんでいた。

愛郷塾の主宰者は橘孝三郎。かつては第一高等学校にトップクラスの成績で入学したエリートだったが、突如、東京での学生生活をなげうって、自ら水戸に農園を開いた。愛郷塾は彼の理想に基づいて作られたコミューンだった。

矢吹をはじめとする塾生たちは、橘から密かに命を受けた。

東京市外ニアル幾何カノ重要変電所ヲ爆弾テ襲撃シ帝都ヲ暗黒ニシテ混乱状態ニ陥レル
[矢吹1933：255]

同日の夕刻には、海軍青年将校たちが首相官邸などを襲撃する予定であることも聞かされた。政府要人が暗殺され緊張が走る中、東京各所の変電所を襲うことで、帝都をパニック状態にするのだと言う。

塾生は命じられるまま上京し、変電所の調査を行った。そして、襲撃のターゲットを絞り、分担を決めた。

亀戸変電所を襲うことになった矢吹は、事前に下見を繰り返し、現場に向かった。襲撃予定時刻は午後七時。少し早く着いた彼は、完成して間もない荒川の土手から建物の様子を窺った。この時、首相官邸では犬養首相が襲われ、一連の五・一五事件が始動していた。

次第に夕闇が迫ってきた。矢吹は手榴弾をポケットに入れ、構内に侵入した。人影はない。ポンプ室のドアに手をかけると、鍵はかかっておらず、簡単に入ることができた。壁に取り付けてあるスイッチに手をかけ、すべての電源を切ると、冷却用のポンプが止まった。建物の外に出て、今度は手榴弾を手にした。そして、安全弁を取り外し、建物の屋根を目がけて投げた。しかし、うまく命中せず、不発のまま草むらに落ちた。

彼は慌てて、その場を立ち去った。そして円タクをつかまえ逃走した。

結局、帝都に「暗黒」はやってこなかった。ポンプ室のスイッチを切ったぐらいでは、停電など起こるはずもなかった。他の変電所もメンバーが襲撃したが、すべて不成功に終わった。東京の夜には、いつものように灯りがともった。

橘孝三郎は一八九三年、水戸（当時は東茨城郡常磐《ときわ》村）に生まれた。勉強のできる子供だった彼は、第一高等学校を受験するため上京し、知り合いの家に下宿した。そこは下層階級が住む貧民街だった。彼は都市の荒廃と貧困の現実を目の当たりにし、愕然となった。

一高に合格すると、授業よりも独学を重視して図書館に籠った。彼は世界を把握したいと思った。高い理想を実現するためには、猛勉強しなければならない。知の獲得に対して真面目でなければならない。

その想いはエスカレートし、心身のバランスを崩していった。不眠症に陥り、次第に奇行が目立つようになった。

橘は苦しんだ。当時、流行していた静座法にはまり、幾度も神秘体験を経験した。すると、学校での勉強がどうでもいいものに思えてきた。立身出世をして何になる。世俗的成功を収めて何になる。そんな懐疑の念が湧きあがり、一高を退学した。

橘は農業に回帰しようと考えた。

単なる究理の世界には自分の住むべき世界はない、只愛と誠のある所、真心を以て善きことより更により善きことを自他一切の為めに願ひ求めつゝ真心から生きて行く処に自分の生活が許されて居る、其為めに自分の実際求むる生活は天地大自然の恵の存する所、人間相愛関係の結ばる所、而して額の汗の流さるゝ所、一言にして言へば「土の勤労生活」より外にないのだと云ふ結論に到達した次第であります。［橘1989：151］

彼は「心に光る霊の力を見た」。「神と云ふ観念に全霊的に浸った」。この境地と社会生活を一体化させるべく、開墾作業に打ち込んだ。土と交わり、自然と融合する中から、理想郷を作り出そうと考えた。そこは「愛」に包まれたユートピア。「自利」と「他利」が一つになり、「真正な生活」が現前する。すべてが幸福に満ち溢れる［橘1989：151］。

橘のもとには次第に若者が集まるようになった。農園は武者小路実篤の「新しき村」と同様のコミューンとなり、理想的な集団生活が追求された。

橘は「大地主義」「兄弟主義」「勤労主義」を掲げた。人は大地から離れては生きて行けない。人と人は兄弟のような「相互愛」と「相互信頼」をもって生きて行かなければならない。「勤労」によってトポスを獲得し、「天職使命」を果たさなければならない。

すべての存在には意味がある。すべてはつながりあい、依存しあいながら有機体を形成している。人々は相互愛で結びつき、大地に支えられる。そこには他者の苦しみなど存在しない。傷つけあうこともない。賢《さか》しらな功利主義など超克し、自然と一体化して生きて行く。

しかし、そんなコミューンにも現実は押し寄せる。第一次大戦後の不況は、農村を疲弊させ、人々を苦しめた。農業だけでは暮らしていくことができない。生活は困窮し、希望は消滅した。農業を放棄した人々は、大地を離れ都市に向かった。農民は資本の論理に圧迫され、次々に農地を手放した。世界が逆回転する。何とかして止めなければならない。流れに歯止めを掛けなければならない。

そう考えているとき、橘の前に一人の男が現れた。井上日召だった。二人は現状認識を共有し、世直しへの思いを語り合った。井上は橘の理想に敬意を抱き、橘は井上の熱情に心惹かれた。二人とも「行動」を重視し、口だけの知識人を蔑んだ。両者の思いは一致した。

井上が革命運動に突き進むと、橘はそれに追随した。青年将校との会合にも参加し、世直しの構想を練った。

橘は、革命を軍人にだけ任せてはならないと考えた。この革命は、大地に帰結しなければならない。革命が単なる政治闘争に終わると、再び近代の檻の中に幽閉される。政治のプレーヤーを変えただけでは、世界は変わらない。

彼は、革命に農民が参加することにこだわった。農民こそ、日本を救済しなければならない。土を取りもどし、土に帰る。そこから人々は真の世界を取りもどす。ユートピアへと接近する。だから農民が革命に加わらなければならない。

一九三二年に入ると、井上の行動が先行した。二月、三月に血盟団事件が起こり、テロが実行された。井上らは逮捕され、橘らは残された。

そんな時、海軍軍人が次なる謀議を持ち込み、共同蹶起《けっき》を促した。

――やるしかない。

そう考えた橘は、農作業に勤しむ塾生と共に立ち上がることを決意した。しかし、何をやるのか。自分たちもピストルを握るのか。

彼は思案した。どうすれば自分たちにふさわしい行動をとることができるのか。その時、ある考えが脳裏に浮かんだ。

私の観る処では、世の中は物質文明に走り、都会中心の為め農村が疲弊して居るのであるから、農民が立つて其中心地なる帝都を襲撃するのだと云ふことを世人に知らせる必要があり、夫れには不夜城を誇る帝都を二、三時間暗黒にし、帝都の人心を混乱状態に陥れるのが一番効果的で而も損害が少ないと考へましたので、私は古賀中尉等軍部の者が襲撃計画を実行する際に、之に呼応して塾生等をして東京市内外に電力を供給する主なる変電所を襲撃させ之を破壊し、帝都を暗黒にして遣らうと考へたのであります［橘1989：166］

眠らない街・東京。ネオンに照らされ、享楽に明け暮れる帝都。そこを二、三時間でいいから真っ暗にしてやろう。農村と同じ暗闇に覆われた時、人々は何かに気づくかもしれない。立ち止まって考えるかもしれない。

橘にとって、都会から電気を奪うことは、革命に他ならなかった。彼が手にしたいのは権力ではなく、大地との一体感だった。欲望の街が闇に包まれるとき、文明は反転する。東京が自然に包まれる。

しかし、変電所の建物は強固だった。コンクリートの塊は、農民がにわかに手にした手榴弾ではびくともしなかった。帝都は五・一五の夜も明るさを失わなかった。

第5章

弾圧

.1 北一輝と北極星

ＪＲ新宿駅南口を出て三分ほど歩くと、ホテルサンルートプラザ新宿がある。周りには商業ビルが林立し、人と車がひっきりなしに往来する。ふと振り返ると、「繭」を模したモード学園コクーンタワーが目に入る。

このホテルの場所に、かつて大きな屋敷が建っていた。持ち主は山本唯三郎《ただざぶろう》。第一次世界大戦中に財を成した船成金で、暗い料亭の玄関で靴を履くために札束を取り出して火をつけた逸話で知られる。

一九一九年、山本はこの屋敷を大川周明に貸した。一人で住むには広すぎると考えた大川は、来日中のポール・リシャール夫妻と共同生活を始め、連日、侃々諤々《かんかんがくがく》の議論を戦わせた。やがてリシャールが離日すると、大川は大船へと転居し、邸宅は空家になった。

一九二一年、そこに転居してきたのが、北一輝だった。当時、北は大川と共に猶存社を結成し、国家改造のチャンスを模索していた。北は邸宅を猶存社本部とし、表通りに聞こえるほどの大声で「法華経」を唱えた。

北が生まれたのは佐渡島《さどがしま》。家庭は裕福な商家だったが、父が事業に失敗し、家勢は傾いた。北は幼い頃から、眼病を患っていた。徐々に右目の視力が弱っていったが、読書にのめり込んだ。早熟だった彼にとって、佐渡での学校生活は退屈なものだった。地元の中学校の教育は生ぬるく、物足りなかった。

北は学校の勉強に背を向け、弁論部や雑誌部の活動に熱を上げた。結果、落第し、中学校を中退したが、強烈な自負心は、逆に肥大化した。自らの才能への過剰な自信は、次第に佐渡からの遠心力となって働いた。当面は佐渡に留まり、読書と投稿を繰り返す生活を送ったが、東京への思いがうずいた。

北は祖母から旅費をもらって上京した。しかし、眼病が悪化し、佐渡への帰郷を余儀なくされた。右目の視力はさらに衰弱。再度上京して大学病院で手術を受けたが、その甲斐もなく、十代後半で光を失うこととなった。彼の右目は、生涯を通じて義眼となる。

北の右目は失われたが、代わりに思想を手に入れた。それは社会主義だった。佐渡に戻ると、『佐渡新聞』の論客として活躍した。

一九〇四年夏、北は本格的に東京へ移住した。東京には、早稲田大学予科に通う弟・昤吉《れいきち》がいた。北は早稲田大学の授業に潜り込み、図書館に籠って本を読み漁った。その後、家族の死により一旦は佐渡に戻ったものの、間もなく上京し、谷中で下宿生活を始めた。

北は、そこから上野図書館に通った。そして一九〇六年、二十三歳の時に『国体論及び純正社会主義』を自費出版した。この大著は、北の思想の骨格となり、彼の人生をも包含する。

彼が強く訴えたのは、国家による社会主義の実現だった。彼にとって、国家は至高の存在であり、あらゆる個を包摂するものだった。それは、制度や法によって構成された共同幻想ではなく、一つの生命体として構想された。

北にとって、国家は天皇と国民が一体化した類的存在だった。個人は国家に融解し、個人主義は克服される。存在するのは、自己と一体化した国家のみ。これは必然的な進化の結果だ。科学的に疑うことのできない社会進化の法則である。北はそう考えた。

政治学者の嘉戸《かど》一将《かずまさ》は、『北一輝――国家と進化』の中で的確に指摘する。「北の個は、「進化」によって類的活動へと融解し「神類」となり、もはやその「進化」論は社会進化論というよりも疑似生物学的進化論となるのである」［嘉戸2009：70］。

北は「小我」を超えた「大我」への昇華を説いた。「大我」となった「私」は、もはや個人ではない。私は国家であり、国家は私である。国民主権は国家主権へと回収され、国民は国家に還元される。すべては「神類」として一つとなる。

北は、その先に「大我」としての世界連邦を幻視した。世界は一つの国家として類的に統一される。「神類」として一体化した完全な民主制が誕生する。それは、すべての人間が進化を遂げ、聖人となることで一元化された集合体。人間は動物であることを超克し、一つの意志に溶け込む。人間と世界の理想状態が、ここに現前する。

しかし、現実の世界は分裂し、個は漂流する。社会には不平等が蔓延し、青年は殻に籠《こも》って煩悶する。

本当に、人間は類的存在へと昇華するのか。それをいったい誰が実現するのか。

北は、「天才」の存在に希望を仮託した。超人的な才能をもった英雄が、世界を真の進化へと導くと考えた。

では、その「天才」はどこにいるのか。

――ここにいるではないか！

彼は、心の中で叫んだ。北の苛烈な自負心は、彼自身を救世主とみなすに至った。

彼の本名は「北輝次郎」。しかし、彼はのちに「北一輝」に改名した。北で一番輝く存在。それは「北極星」である。古代中国の思想では、北極星は「天帝」と見なされ、仏教では「北辰妙見大菩薩」として崇められる。北極星は動かない。常に北に鎮座し、南を見下ろす。「天帝」は不動の位置から、民衆を統治する。

北は自らを北極星に擬《なぞら》えることによって、人々を神類へと導く「天才」と規定した。しかし、「天才」一人では、世界は動かない。指導者は手先を必要とする。

北は『国体論及び純正社会主義』を書いた同じ年の十一月に、一つの論考を発表した。タイトルは「自殺と暗殺」。青年の「煩悶」を問題にした。

当時は藤村操の自殺から約三年半が経過し、煩悶青年の増大に注目が集まっていた。北は、煩悶青年の「自殺」がいずれ「暗殺」へと転化することを鋭く予見していた。

北は言う。

余輩は煩悶の為めに自殺すといふもの〻続々たるを見て、或は暗殺出現の前兆たらざるなきやを恐怖す。［北1972：137］

北は「煩悶」が個人主義にとどまることを批判する。「煩悶」は「自己を内心の主権者」とする「叛逆心」である。煩悶は天皇への叛逆であり、全体への叛逆である。個が内向すると、自己を世界から分断させる。煩悶は自己を絶対的な主権者としてしまう。これは「内心の革命戦争」である。

しかし、北が透視したのは、その煩悶の暴力がやがてベクトルを反転させ、世界へと向かう逆説である。個人主義的傾向は、無政府主義へと接続する。個人を至上の存在とし、国家を否定する潮流と合流する。「自殺」は「他殺」へと接続し、「煩悶者」は「革命的暗殺者」へと姿を変える。

北はこのプロセスを「預言者として恐怖する」と述べた。しかし、恐怖は希望へと昇華する。彼はこのことに、自覚的だった。

煩悶がテロへと向かうとき。それは「小我」が「大我」へと転化するときである。自己が全体へと融解するときである。

北は煩悶の中に革命への糸口を見出した。煩悶は個が個であることに苦しみ、その突破を求める。個が個から解放されるには、個を消滅させなければならない。個を消すための方法。それは自殺。そして、もう一つが自己を超えた存在との一体化。そのための暗殺。ここに進化の道筋が見えてくる。類的存在への昇華の可能性が開かれる。

北は、煩悶に寄り添いながら、苦悩のマグマを革命の動力へと転用しようと考えた。彼は「革命的暗殺者」が現れるのを待った。中国革命で挫折を味わい、大川周明に促されて猶存社に加わった彼は、南新宿で次の一手を模索していた。

そんな北のもとに、一通の手紙が届いた。宛名は朝日平吾。安田善次郎を暗殺した本人からだった。朝日は事件の直前に、北に向けて自らの思いを記した遺書を送った。

北は朝日の行動を絶賛した。そして、朝日の友人に「不思議のこともあるものです」と声を潜めて、霊的体験を語った。

二十九日の夜、朝日君の遺書を壁間に掲げて、経読して居ると、傍に端座して居つた一書生の顔が、私の目には見るく中に変つて来て、微笑を含みながら朝日君の顔となり、すつと立つて右の手を挙げ、遺書を指さして居る様に見えたのです。私もハツと思つて書生の方を見ます。依然たる書生ですが、亦、読経をつゞけると、其の書生がどうしても微笑《えみ》を含んだ朝日君となつて、頻《しき》りと遺書に指さしてる光景が歴々と目に映ずるのです。元より見た事も無い顔ではあるが、ソレが朝日君であると直覚したさへ不思議であるのに。後で新聞に掲載された朝日君の写真が、全くその時の顔だつたには驚きましたね。[奥野1922：150]

北にとって、朝日平吾のテロ事件は、革命への確かな予兆だった。そして、遺書が他ならぬ自分に宛てられたことに、指導者としての自覚を強めた。以後、北は朝日の霊を「利用」し、革命運動の資金作りを画策する。

北は政財界のスキャンダルを敏感に察知し、騒動に介入することを通じて、影響力と資金力を高めていった。彼は邸宅に籠り、読経を繰り返しながら、霊的カリスマ性を身に纏っていった。

いま、新宿の街にそびえる巨大な「繭」を見ていると、一つのいのちを宿しているように思えてくる。そこから羽化するのは、進化を遂げた巨大な類的生命体なのか。

今日も、夜空に北極星が輝く。

.2 安藤輝三と不可視の大御心

六本木の国立新美術館に、奇妙な建物がある。表は機能主義的モダニズムで裏はポストモダン的ガラス張り。ちぐはぐな相貌が、違和感を喚起する。

この場所には戦前、陸軍歩兵第三聯隊の兵舎があった。戦後は米軍の接収を経て、東京大学生産技術研究所となったが、二〇〇一年に移転。建物の取り壊しが決まったものの、反対の声の高まりによって一部が保存されることになった。

一九三六年二月中旬。

思い悩む一人の若き軍人がいた。安藤輝三。陸軍大尉で歩兵第三聯隊第六中隊長である。

彼は、国家改造の必要性を説く仲間から、蹶起《けっき》の計画を打ち明けられていた。そして、クーデターへの参加を打診され、決断を迫られていた。

安藤は、政治に対する強い不信感を抱いていた。部下には農村出身者が多く、その疲弊した状況は、彼の心を苦しめた。資本家は暴利をむさぼり、政治は富者に寄り添う。民衆の生活苦は深刻化し、現状打破の見通しは立たない。

安藤は士官候補生の時、秩父宮から国家刷新の必要性を聞いた。その大胆な発言と国民を想う情熱は、若き安藤の心を動かした。秩父宮も彼を高く評価し、互いに信頼し合った。

国家改造運動に開眼した安藤は、仲間の青年将校と共に、蹶起の構想を語り合った。しかし、五・一五事件をはじめとするテロ事件は功を奏せず、社会の退廃は続いた。

――いかにすればクーデターは成就するのか。

計画を立てれば立てるほど、成功の可能性には疑問符が付いた。失敗は許されない。自分の人生だけでなく、部下の人生も台無しになる。中隊の長を務めている以上、盲目的な行動は許されない。

大規模テロの計画が進行する中、安藤は一人、悩み続けた。彼は一貫して「時期尚早」と訴えた。今はまだ早い。成功の見通しが立たない。

安藤の不安は多岐に及んだ。まず国民が自分たちの違法行為を支持するかどうかが不透明だった。多くの要人を殺傷し、首都を戒厳令下に置くことは、国民経済へも大きな影響を与えることになる。果たして、そのような行為を国民は支持するのか。

また、同じ軍人たちが、蹶起に同調するか否かがわからなかった。特に皇道派の有力幹部が、蹶起軍の行動を支持するかどうかはっきりしない。彼らは本当に国家改造に賛成なのか。現実的利害関係を超えて青年たちと共に行動する勇気があるのか。

そして、最大の懸念が昭和天皇の大御心だった。クーデターを起こすということは、天皇の軍

隊を動かすことに他ならない。兵力の無断利用は、天皇の統帥権に反する。天皇の意に反して軍隊を出動させることは固く禁じられている。

ただし、昭和天皇が青年将校の赤心《せきしん》を認め、蹶起を肯定すれば問題は解消される。テロ行為は大御心と合致し、暴力は正当性を獲得する。

しかし、その大御心がわからない。昭和天皇がクーデターをいかに見なすのかがわからない。蹶起では、天皇の側近を暗殺することになる。首相や大臣、侍従長などの命を奪うことになる。このような行為を、昭和天皇は肯定してくれるのか。そもそも自分たちの思いを理解してくれるのか。

もし、昭和天皇が蹶起を承認しなければ、行為は大御心に反することになる。青年将校は逆賊とされる。

安藤にとって、「君側の奸」は「暗雲」のような存在だった。天皇は太陽で、国民は大地。天皇は大御心という名の日光を降り注ぎ、国民はその光に覆われる。君民一体の国体が現前し、世界は幸福に包まれる。しかし、その日光を遮断している雲が存在する。君側の奸である。国民が幸福を取り戻すためには、早く「暗雲」を取り払わなければならない。大御心を阻害する輩を排斥しなければならない。

しかし、である。昭和天皇が側近を「暗雲」と見なしていなければどうなるのか。大切な人間として慕っていればどうなるのか。今度は、自分たちの行為こそが大御心を踏みにじることになる。赤心は大御心によって跳ね返され、テロは壮大な独り相撲となる。

大御心は絶対である。そうでなければ国体は成立しない。この国の根本的構造が崩壊し、一君万民の物語が瓦解する。だから、大御心が蹶起軍を国賊と見なせば、その見解が絶対となる。すべては逆回転する。

安藤には、大御心とつながっている確信がなかった。君民一体の国体を信じたい。天皇と透明な関係でつながっていると信じたい。しかし、大御心はブラックボックスである。不可視である。内実はわからない。

しかも、陸軍幹部の出方もわからない。世論の動向もつかめない。そんな状態で、クーデターに踏み出してよいのだろうか。蹶起の前提条件が、まだ整っていないのではないか。

しかし、彼らには時間がなかった。それは部隊の満州派遣が三月に迫っていたからである。満州移駐となれば二年間は日本に戻ることができない。その間、国家改造は棚上げとなる。二年後に状況が整っているかどうかもわからない。

安藤は苦悩した。この時の様子を、同じ歩兵第三聯隊の陸軍中尉・新井勲は次のように語っている。


来る日も来る日も、瞑想に耽っている深刻な安藤の姿が眼に映った。一時間でも二時間でも、かれはじっと腰掛けたままだった。掌を組んで額に当て、俯いたまま何時間も動かなか

った。それは凄惨とも言えるほど、悩める安藤の姿であった。［新井1986：134］

安藤は切迫感に駆られていた。磯部浅一を中心とする仲間たちは、すでに蹶起の決断を下していた。動き出した流れは止まらない。

安藤は賭けに出るしかなかった。

二月二十二日。彼は蹶起への参加を伝えた。二・二六事件が本格始動することになる。

安藤率いる部隊は、鈴木貫太郎侍従長の襲撃を命じられた。安藤は戸惑った。彼は二年前に鈴木の自宅を訪問し、その人物の大きさと知見の卓越性に感化されていたからである。

鈴木は昭和天皇から信頼を得ている側近である。安藤の目から見ても、時代を代表する大人物である。個人的には恨みどころか、尊敬の念が強い。

しかし、国家改造のためには暗殺しなければならない。侍従長という鈴木のポストは「君側の奸」に他ならない。大御心を阻害する「暗雲」である。

安藤は苦悩に苛まれたが、もう後には引けなかった。

二月二十六日早朝、彼は部隊を率いて鈴木邸を襲った。鈴木邸は現在の千鳥ケ淵戦没者墓苑にあった。

部下が鈴木を発見し、拳銃を発射した。弾は命中し、鈴木は倒れ込んだ。駆け付けた安藤は、まだ息のある鈴木にとどめを刺そうとした。しかし、傍で正座した夫人が「それだけは私に任せてください」と毅然と言ったため、安藤は引き下がり、挙手の礼をした。

結果、鈴木は一命を取り留めた。鈴木は自伝の中で、安藤を「真に立派な、惜しいといふよりも、むしろ可愛い青年将校であつた」と回想している［鈴木2013：325］。

二・二六事件は、要人襲撃と中枢機関の占拠には成功した。しかし、情況は思うようには進行せず、幹部軍人は期待していたようには動かなかった。

そして、何よりも決定的だったのは、昭和天皇が蹶起軍を逆賊と見なし、鎮圧を命じたことだった。大御心の聖断が下ったのである。

安藤は軍閥に対して抵抗し、最後まで抵抗を続けたが、立て籠もった山王ホテルで自決を試みた。ただこの時、死に切ることができず、自殺は未遂に終わった。

天皇の大御心と志士の赤心。その離反が決定的となった時、昭和維新運動は潰《つい》えることになった。

君側の奸を排除すればすべてがうまくいく。国体の素顔が現れ、理想社会が現前する――。

このテーゼが崩壊した。

抱きしめていた国体はフィクションだった。君民は必ずしも一体の存在ではない。青年将校の赤心は、大御心と交わらない。

天皇は感情をもった人間である。神に接近しようとする祭主であるが、神そのものではない。

だから、天皇と国民の間に透明な関係は成立しない。

大御心が絶対であるならば、青年将校の赤心が誤っていることになる。昭和維新の構想が国体に反していることになる。この論理を受け入れることはできるのか。国民の苦悩を除去するための蹶起は、許されないことなのか。

獄中につながれた青年将校は、最終的に大御心に懐疑の念を向け始めた。昭和天皇こそ君側の奸に騙され、真実を見通すことができていないのではないかと考えたのである。

天皇はどこまでも人間だった。不完全性を帯びた人間だった。

それはそうだ。そんなことはわかっている。しかし、天皇をめぐるフィクションが崩壊すると、すべてが瓦解する。理想社会への夢が閉ざされる。煩悶は取り残され、世界は永遠に苦しむことになる。

それでいいのか。社会はそれほど残酷な存在なのか。

安藤は処刑台に立つとき、他のメンバーと共に「天皇陛下万歳」を唱えた。そして一人だけ「秩父宮殿下万歳」を唱え、命を落とした。

安藤は秩父宮との透明な関係を信じた。秩父宮とは心と心でつながっていると思いたかった。最後の一声は、理想の希求を捨てきれない狂おしい叫びだった。

しかし、ユートピアは永遠にやってこない。人間が完成しない以上、社会は完成しない。

.3 磯部浅一の呪詛

渋谷のＮＨＫの場所は、かつて陸軍の代々木練兵場だった。南側の隣接する土地には軍紀違反を起こした軍人を収容する陸軍刑務所があった。現在、渋谷区役所や渋谷公会堂、渋谷税務署が立ち並ぶ一帯が、その場所に当たる。

この一角に場違いな観音像が立っている。二・二六事件の慰霊碑である。事件を引き起こした青年将校たちはここで処刑された。

一九三七年八月十九日、二・二六事件の首謀者・磯部浅一も北一輝らと共に銃殺された。

磯部は山口県大津郡菱海村《ひしかい》（現、長門市）の生まれ。家は零細農家で、貧しかった。彼は陸軍幼年学校、陸軍士官学校を卒業し、歩兵第八十聯隊付として朝鮮に赴任した。

景気の悪化は、農村を直撃した。下層社会の苦しみを知る彼は、徐々に国家改造運動に傾斜し、やがて陸軍における運動の中心的人物となった。

東京に戻った磯部は、元陸軍軍人の西田税《みつぎ》を通じて北一輝に接触。『日本改造法案大綱』を読み、熱狂した。二・二六事件後の「獄中日記」の中で、彼は次のように言っている。

余の所信とは日本改造法案大綱を一点一角も修正することなく完全にこれを実現することだ。

法案は絶対の真理だ、余は何人といえどもこれを評し、これを毀却することを許さぬ。

（「獄中日記」一九三六年八月一日）

磯部は北の思想に沿って、国家改造を行うべきだと考えた。そうすれば農民は苦しみから解放される。一君万民の平等社会が誕生する。

そんな彼の目に映ったのは、陸軍首脳部の堕落だった。彼らは派閥抗争を繰り返しながら、青年将校の改革志向を抑圧する。私利私欲にまみれた主導権争いを続け、国民の苦境に目もくれない。磯部は次第に、幕僚たちを「君側の奸」と見なすようになった。

彼は、陸軍内の同志と会合を開き、現状打破の可能性を探った。しかし、この集まりがクーデター計画の謀議と見なされ、検挙されてしまう。いわゆる士官学校事件（十一月事件）である。

磯部は五カ月ほど収監され、停職処分を受けた。実質的なクビの通知だった。彼は憤り、幕僚たちを恨んだ。権力を牛耳る者たちへの呪詛がマグマのように湧き出た。

陸軍を去った彼は、同志と共にクーデター計画を練った。そして二・二六事件を起こした。しかし、蹶起は失敗。磯部は再び陸軍刑務所に収監された。

彼は自らの正義を疑わなかった。クーデターは鎮圧されても、思いは広く受け容れられると確信した。

獄中の磯部は、恩赦を期待した。天皇は自分たちの赤心を理解してくれる。不起訴処分となり、釈放される。そう思った。

彼には根拠があった。刑務所内での予審が余りにも簡略だったのである。これでは裁判はできない。そもそも裁判を行う意図がないのだろう。作成された調書は形式的で手抜き。同志の間でも早期釈放への期待が高まった。

しかし、恩赦はなかった。逆に急転直下で公訴提起の通知があり、裁判が始まった。

彼らは戸惑い、絶望した。とにかく調書はいい加減なものだった。そんなものを土台に開かれる裁判はどのようなものなのか。動揺と不安が広がった。

磯部は考えを切り替えた。彼は、自らの思いと行為の正当性を、裁判で展開しようと考えた。自分たちは何も間違えていない。堂々と考えを述べればよい。そうすれば裁判官も正しい判断をするはずだ。

しかし、裁判が始まると、発言はないがしろにされ、十分な陳述機会は与えられなかった。弁護人も付けられない。裁判は反乱罪の適用という既定路線で進んでいく。

磯部は憤慨した。このような出鱈目は「陛下の御徳をけがす」。そう同志が裁判の場で発言すると、「引込んでゐろ」と怒声を浴びせかけられた。みんな「歯をくひしばつて悲憤」した。

磯部の口頭弁論も、裁判官によって骨抜きにされた。彼は獄舎に帰って悶えた。無念で二日間ほど食事がのどを通らなかった。

頼りにしていた真崎甚三郎《まざきじんざぶろう》大将も事件への関与を否定し、自らの保身に終始した。上官たちは逃げの一手だった。国士の道義を説いていた軍人が、手のひらを返していく。もう誰も擁護してくれない。

彼らは「まさか」の事態を想定した。それは死刑判決が下されることだった。自分たちの主張が封じ込められ、一方的に抹殺される。逆賊の汚名を着せられたまま、命を奪われる。そんなことがあってもいいのか。この世に正義は存在しないのか。

六月四日。法廷で論告求刑が行われ、被告たちに死刑が言い渡された。同志の顔が引きつった。

磯部は、それでもなお希望を棄てなかった。なぜか。それはこの国には、天皇の大御心が存在するからである。日本は君民一体の国体を有している。青年将校の赤心は、他の誰もが退けようとも天皇とだけはつながっている。天皇が自分たちの死刑を認めるはずがない。

磯部は、最後の希望にかけた。一君万民の国体が、世界を反転させる。超越的な天皇と抑圧された国民が一体化し、君側の奸を退却させる。赤心は大御心に包まれる。そうでなければ、この国の希望はどこにあるのか。世界は永遠に不条理から抜け出せないではないか。

しかし、時間は無情に過ぎた。七月十二日、事件から半年もたたないこの日、処刑が実行された。磯部は北一輝・西田税の裁判が残っていたため、証人として残された。

磯部は獄舎の中で、同志たちの「万歳」の声を聞いた。

悲痛なる最後の声だ、うらみの声だ、血とともにしぼり出す声だ、笑い声もきこえる、その声たるや誠にいゝん惨である、悪鬼がゲラゲラと笑う声にも比較できぬ声だ、澄み切った非常なる怒りとうらみと憤激とから来る涙のはての笑声だ、カラカラした、ちっともウルオイのない澄み切った笑声だ、うれしくてたまらぬ時の涙より、もっともっとひどい、形容のできぬ悲しみの極の笑だ。（前掲、八月十二日）

磯部は涙も出なかった。ただ茫然となり、笑い出しそうになった。断続的に銃声が響いた。じっとしていられず、詩を吟じようとしたが声が出なかった。仕方がなく部屋の中を徘徊した。読経する余裕もなく、ただ「何かしらブツブツ言ってみた」。「その夜から二日二夜は死人のようになってコンコンと眠った」。するると、猛烈な怒りが湧き出した。なぜ国のことを想う自分たちが殺され、君側の奸が生き延びるのか。なぜ正義が破れ、悪が勝利をおさめるのか。

何をヲッー、殺されてたまるか、死ぬものか、千万発射つとも死せじ、断じて死せじ、死ぬることは負けることだ、成仏することは譲歩することだ、死ぬものか、成仏するものか。

悪鬼となって所信を貫徹するのだ、ラセツとなって敵類賊カイを滅尽するのだ（前掲、八月一日）

磯部の怒りは、ついに昭和天皇に向けられた。

天皇は君側の奸の存在に気づいていない。苦しんでいる国民を救おうとしていない。そればかりか「無双の忠義者」を死刑にし、「国奸」の「いいなり放題」に任せている。何たる様だ。

陛下　われわれ同志ほど、国を思い陛下のことをおもう者は日本国中どこをさがしても決しておりません、その忠義者をなぜいじめるのでありますか、朕は事情を全く知らぬと仰せられてはなりません、仮りにも十五名の将校を銃殺するのです、殺すのであります、陛下の赤子《せきし》を殺すのでありますぞ、殺すと言うことはかんたんな問題ではないはずであります、陛下のお耳に達しないはずはありません、お耳に達したならば、なぜ充分に事情をお究《きわ》め遊ばしませんのでございますか、なぜ不義の臣らをしりぞけて、忠烈な士を国民の中に求めて事情をお聞き遊ばしませぬのでございますか、何というご失政ではありましょう。（前掲、八月十一日）

磯部の怒りは、昭和天皇を通り越して日本の神々にまで向かった。彼は「日本の神々はどれもこれも皆ねむっておられるのですか」と言い、「この日本の大事をよそにしているほどのなまけものなら日本の神様ではない」とまで論難した。そして、万感の思いを込めて、次のように言い放った。

磯部菱海（郷里の「菱海村」からとった別名―引用者）はソンナ下らぬナマケ神とは縁を切る、そんな下らぬ神ならば、日本の天地から追いはらってしまうのだ、よくよく菱海の言うことを胸にきざんでおくがいい、今にみろ、今にみろッ。（前掲、八月六日）

二・二六事件の失敗は、国体を崩壊させた。天皇も神々も、国民を救ってはくれなかった。忠臣の志士は殺され、思いは踏みにじられた。理想は空回りし、谷底に堕ちた。

しかし、磯部は夢を手放さなかった。天皇への呪詛を深めれば深めるほど、国体は純粋化した。いつかはやってくる。その時はやってくる。今に見ていろ。

穢れた現実が一掃され、神のまにまに生きる日が到来する。その日まで、国士は永遠の維新を続けなければならない。君側の奸から天皇を救い出さなければならない。現実を超えた現実に到達しなければならない。そのためには清純な思いを棄ててはならない。現実の天皇を恨みながら、あるべき「天皇」への恋闕《れんけつ》を抱き続けなければならない。

一九三七年八月十九日。磯部は命を落とした。三十二歳だった。
彼が信じた「天皇」とは、いったい誰なのか。誰でもない誰かなのか。

.4 江川桜堂と死のう団事件

権力の象徴・国会議事堂。現在の建物が竣工したのは一九三六年十一月で、二・二六事件の時にはまだ完成していなかった。

竣工式から約三カ月後の一九三七年二月十七日。ここで突然ビラをまき、「死のう！　死のう！　死のう！」と絶叫する男がいた。彼はおもむろに短刀を取り出し、腹に突き刺した。しかし傷口は浅く、その場で取り押さえられ、警察署に護送された。

事件は、これで終わらなかった。約二時間の間に外務次官邸や宮城前、内務省、警視庁でも同様の事件が起こり、合計五人が切腹を試みた。夜には歌舞伎座の立見席で、女性が「死のう！」と連呼しながら、ビラをまいた。世の中がざわついた。

彼らは同じ団体に所属していた。日蓮会殉教衆青年党。通称「死のう団」と言われ、世間を騒がせてきた集団だった。ビラには、次のような檄文が記されていた。

偏見人種、白人の魔手より、アジヤを救へ。東洋の守護神、祖国日本を守れ！　赤き狂犬、共産党を、撲殺せよ。天皇の赤子を、餓死線上より救へ！　吸血鬼、金権政党を、踏み潰せ。

皇道政治、神聖なる議会を、樹立せよ！　やってくれ、青年よ、進撃だ、死を賭して、戦へ！

迷信邪教、偽宗教を、紛砕《ママ》しろ。日本憲法、第二十八条を、擁護せよ！　偽仏教と偽法華を、速かに亡ぼせ。真仏教、真日蓮主義を、認識実行せよ！　我が祖国の為めに、我が主義の為めに、我が宗教の為めに！　血を流せ、戦つて、死ぬ事だ！　やろう同志よ、是非死なう！［保阪1990：263］

死のう団の基盤となった日蓮会が結成されたのは一九二七年。設立者は江川桜堂という二十二歳の青年だった。江川は東京・蒲田に生まれ、子爵の家に養子として迎え入れられた。しかし、環境の激変に適応できず、心労を重ねた。陽気だった性格は次第に影をひそめ、部屋にこもりがちの生活になった。結局、精神のバランスを崩し、目の病にかかると、養子縁組は解消された。

実家に戻った江川は、親の意向で技術学校に入学した。しかし、学校の授業にも関心を持つことができず、同時に通った英語学校では外国かぶれの学生に嫌悪感を抱いた。

その反動で、彼は国家主義者たちの文章を読むようになり、高山樗牛の本を手にすることになった。煩悶青年の元祖ともいえる樗牛の文章は、鬱屈を隠し切れなかった江川の心をとらえた。そして、その共感から、国家主義的な日蓮主義思想へと吸い寄せられていった。

彼は日蓮の軌跡をたどり、親に無断で佐渡を旅行した。また、日蓮関係の本を読み漁り、自己の精神のよりどころとした。

技術学校を卒業し、東京市電気局に勤めても、彼は社会生活になじむことができなかった。体が病弱な上、仕事は過酷だった。彼の不満は次第に社会運動への関心に繋がり、日蓮主義と呼応する形で世直しを志向するようになった。彼は本多日生が浅草に拠点を置いた日蓮主義団体・統一閣に通い、仕事を辞めた。そして、統一閣で知り合った仲間と共に、具体的行動を起こすべく、街頭演説を始めた。

江川は地元・蒲田の駅頭に立ち、声を振り絞った。演説は激烈だった。明確な敵を定め、強い言葉で罵倒した。その標的は、掛け声ばかりで行動が伴わない日蓮宗の僧侶に向けられた。のちの口述筆記の文章で、彼は次のように言っている。

> 真の日蓮主義に派などゝいふものは無し。
> 派に属する者は日蓮教徒に非ず。
> 派といふ糞溜《くそだめ》から這ひ出せよ。［江川1933：32］

彼は宗門の人間を「蛆虫」と罵り、本山を「糞溜」と切って捨てた。このような権威に対する容赦ない批判は、不況の中で苦しんでいた蒲田の労働者たちの心に響いた。次第に彼の周りには人だかりができるようになり、その考えに共鳴する同志が集まった。このメンバーを糾合して結成されたのが日蓮会だった。

江川の演説は、苛烈を極めた。時に池上の日蓮宗総本山前で声を張り上げ、僧侶たちを罵った。その行動の激しさに比例して、日蓮会は急速にメンバーを増やした。江川はカリスマ化し、教祖としての地位を確立した。

しかし、全盛期は長くは続かない。江川の女性スキャンダルがでっち上げられ、日蓮会は評判を落とした。会員数は激減し、演説にも人が集まらなくなった。

江川をはじめとする中核メンバーは世の中への絶望感を深めると共に、純粋志向を高めた。社会から向けられた冷たい視線は、彼らの行動を更にラディカルな方向へと追いやった。

一九三三年一月。彼らは「日蓮会殉教衆青年党」（死のう団）を結成し、「不惜身命《ふしやくしんみよう》」をスローガンに行動の純化をはかった。この時、作成された宣言文には次のような文字が躍る。


我が祖国の為に、死なう！

我が主義の為に、死なう！

我が宗教の為に、死なう！

我が盟主の為に、死なう！

我が同志の為に、死なう！［保阪1990：99］

国家のために身命を惜しまない。社会改造のために命を懸ける。この行動原理は、次第に「死のう」という掛け声へと転化して行った。「死ぬこと」自体が目的化し、自己の純粋性の表象が全面に押し出されるようになった。彼らは決まった動作を繰り返しながら、「死のう、死のう、死のう」と叫んだ。その行動は次第にトランス状態を生み出し、信仰の強度が生み出された。

一九三三年七月。彼らは世直しを社会に喚起するために「殉教千里行」を企画する。彼らは「死のう」と連呼しながら全国を巡行し、社会を感化しようと考えた。

しかし、この行動は警察権力から危険視され、取締りの対象と見なされた。彼らは巡行を始めて間もなく拘束され、警察に連行された。

ここから死のう団と警察権力の闘いが始まる。江川は国家権力こそ、自分たちの味方だと考えていた。自分たちは国家のために命を投げ出す愛国者である。強い信念に裏付けられた国家主義者である。しかし、その死のう団を国家権力が弾圧する。これは一体いかなることなのか。

死のう団は、「第二の血盟団」と報道され、危険集団という扱いを受けた。彼らはテロ計画の疑惑をかけられ、厳しい拷問を受けた。

なぜだ。なぜ自分たちのような真の愛国者が、国家から弾圧されなければならないのだ。このような理不尽があっていいのか。国家権力は何を考えているのか――。

江川は孤立し、権力を罵った。そして、警察と徹底抗戦することを誓い、一切の妥協を排した。彼は告訴に踏み切り、全面対決に打って出た。

警察は控訴取り下げを打診し、金銭的な解決を持ちかけた。警察は強引な捜査の違法性を追及されると、死のう団への懐柔策を講じ始めたのである。

この行為は、警察権力への不信感を肥大化させた。「国家権力は汚い」と認識すればするほど、自分たちの愛国が純化された。

結局、告訴は棄却され、闘争は敗北した。メディアのスキャンダラスな報道にさらされ、危険視された彼らは、社会から完全に孤立した。

一九三六年に起きた二・二六事件は、無残な結果に終わった。権力に抵抗し、純粋な行動を志す者は排撃される。テロもうまくいかない。クーデターもうまくいかない。もう誰も抗えない。純真は踏みにじられ、「糞溜」の「蛆虫」ばかりがのさばる。

追い詰められた彼らは、「死のう」という言葉にすがった。言葉は行動を拘束する。言葉に縛られた彼らは、殉教という具体的な行動によって、自分たちの意志を社会に知らしめることに望みをかけた。

一九三六年六月。彼らは弾圧に抗議するための「餓死行」を決行した。日蓮会の会館に閉じこもり、断食を続けることで、死に至る抗議を始めたのである。建物には八千人分の致死量の青酸カリが用意された。

しかし、これもうまくいかなかった。途中で江川の兄が死亡し、中断を余儀なくされた。

もう何をやってもうまくいかない。メンバーも十数名にまで激減。病弱な江川は衰弱し、未来への希望は断たれた。

そんな中、尖鋭化したメンバーが、江川に対して自殺の決行を訴えた。もう死ぬしかない。それしか社会に訴える方法はない。「死のう、死のう、死のう」。

しかし、江川は首を縦に振らなかった。そんなことをすれば残されたメンバーは自殺幇助で逮捕される。その時、日蓮会は壊滅する。「死のう団」は「自殺集団」というレッテルを張られ、すべては終わる。

しかし、社会に対して愛国の真情を喚起しなければならない。腐った権力の目を開かせなければならない。

ではどうすればいいのか。

――死なない切腹があるではないか。

江川が思いついたのは、権力の中枢で切腹を行うものの、死に至らない程度に留めることだった。彼は刃先を一寸だけに留め、深く刺さらない刀を持たせた。

そして一九三七年二月十七日。奇妙な事件が決行され、メンバーは無言のまま逮捕された。東京各所で、壮絶な文面のビラが風に舞った。

江川本人は切腹しなかったものの、翌年三月に病死。数名の信者が殉死した。

昭和維新テロ・クーデターの非合法的暴力は、合法的な治安維持権力を肥大化させるという逆説に終わった。その最後の悲劇的喜劇が「死のう団事件」だった。

しかし、この奇妙な轍《わだち》は、日本国家の隘路と重なった。「死のう団」の敵意にさらされた国家権力も、グロテスクな喜劇の中にあった。この後、日本は「大東亜共栄圏」「八紘一宇」という偽装ユートピアを掲げ、大規模な「聖戦」に打って出ることになる。

5 頭山満の死

六本木、青山、表参道。青山霊園は華やかな街に囲まれている。人はいつもまばら。鬱蒼と茂る木々の間から、高層マンションが顔を出す。

この霊園の一角に、頭山満の墓がある。戦前の右翼運動の象徴的存在だった彼は、一九四四年、息を引き取った。八十九歳だった。

頭山は、多くの超国家主義者から憧憬の対象とされた。大川周明は自伝『安楽の門』の中で、次のように述べている。

わが頭山翁が権力によらず、黄金によらず、学問によらず、事業によらず、無為にして能く半世紀に亘る日本の泰山北斗たりしことは、身を以て人格の権威を明示した希有の実例で、私は唯だ此の一事だけでも翁を明治・大正・昭和三代の最大の導師と仰ぐものである。［大川1988：123］

大川は「何か大事な決心をする場合は、必ず之を翁に披瀝して教を仰いだ」とも書いている。

頭山への畏敬の念は、生涯変わることがなかった。

頭山に敬意を持ち続けた作家に、『ドグラ・マグラ』で知られる夢野久作がいた。彼の父は杉山茂丸。頭山の盟友である。

久作は「頭山満先生」という文章を残している。ここで彼は頭山を「偉人豪傑」とした上で、頭山の子供時代のエピソードを紹介する。

頭山の幼名は筒井乙次郎。周りから「乙しゃん」と言われ、可愛がられた。「乙しゃん」は「何処へ行っても、どんな事が起ってもボンヤリとしてヌーッとしていた」。だから久作は、頭山を「ヌーボー式少年」と呼ぶ［夢野2011：340］。

頭山はある日、近所の下駄屋の主人に店番を頼まれた。すると、頭山の「ヌーボー式」を知る客が、冷やかしにやって来た。彼は「この店の下駄の値段が、みんな貴方にわかりますか」と尋ねた。頭山が「うん、わかる」と答えると、「そんならこの下駄の値段はいくらですか」と手に取って聞いた。「うむ。天保銭一枚」と答えると、客は目を丸くして驚いた。破格の安値だったからだ。

別の客が試しに、一番上等な下駄の値段を聞いた。するとまた「天保銭一枚」と答え、「どの下駄でも、おんなじ事じゃ」と返した。客がほくそ笑みながら天保銭一枚で買い上げると、噂は一気に広まり、店に客が殺到した。そして、店頭の商品すべてがあっという間に売り切れた。

店の主人が戻ると、棚に商品が全くない。頭山に聞くと「みんな売れた」と言う。これは驚くべき商才だと感嘆し、売り上げを尋ねると「下駄の数だけ天保銭がある」と答えた。主人は「どうしよう。わしゃ今日限り身代限りじゃ」と途方に暮れたものの、「天保銭は大きいから好きじゃ」と言う頭山を見て、「うむむ。やっぱりアンタは豪《えら》い人じゃわい」と感心した。

久作は「「乙しゃん」のヌーボー式は馬鹿か豪傑かわからなかった」と表現する［夢野2011：340］。ここで久作が言う「馬鹿」は、軽蔑ではなく讃辞である。

頭山の生まれは一八五五年。十三歳の時に明治の世が始まり、近代主義が押し寄せた。政府は欧化政策をとり、世間では物質主義が「文明開化」「ハイカラ」ともてはやされた。人々は功利に走り、賢《さか》しらな行為を繰り返した。

頭山は、そんな世の中に人生を懸けて逆らった。彼は近代の外部に立ち、平然と立身出世を足蹴にした。そして、近代が退けた精神性を重んじ、無私を貫いた。

計《はか》らわず、正直に、そして無邪気に振る舞う頭山は、近代的価値に染まった青年たちを魅了した。自己のあざとさに煩悶し、立身出世を退けた彼らは、無垢の中に生きる頭山に、近代の超克を見出した。

――頭山のように生きたい。計らいを棄てて生きたい。邪念を棄て、純粋な姿で世界と交わりたい。しかし、どうしても理想を賢しらな自我が邪魔をする。名声や地位が気になってしまう。どうすれば内なる近代を超克できるのか。煩悶を克服することなどできるのか。

そんなナイーブな問いに苦しめば苦しむほど、頭山の存在は輝きを増し、煩悶青年たちの憧憬を加速させた。

近代的な価値観における無為、そして無能。

久作の小説では、「子供」や「狂人」が特異な力を発揮し、近代合理主義の正当性が揺さぶられる。世界は反転し、近代は価値を失う。

その主人公たちは、頭山と同じところに立っている。合理的選択に意味はない。社会的成功にも意味がない。強きを挫き、弱きを助ける。人から求められれば一方的に与える。見返りなど求めない。

頭山は、このような無私の精神を日本の国体の中に見出す。頭山は次のように言ったという。

> 日本人の行く道は云うまでもなく皇道である。
> 日本人が神代の昔から守って来た忠孝の道は、世界に類例が無いと同時に、人間の守るべき道の行き止まりである。
> 吾々が人間に生まれて、一人前になって生きて行く事が出来るのはみんな吾々の親様たちの御蔭である。
> 同じ様に日本国民が今日のように栄えることが出来たのは万世一系の天子様のお蔭である。天子様は日本中の大親様である。［夢野2011：362］

頭山にとって純真無垢な世界は、「万世一系の天子様」によってもたらされる。皇道こそ人類究極の規範であり、「人間の守るべき道の行き止まりである」。その先に、新たな道は存在しない。皇道は終着の場所である。

だから、随神の道を世界に敷衍しなければならない。日本人はその重要な使命を帯びている。日本人は真の日本人として生き、世界を主導しなければならない。

> 日本人の子供は日本人にならねばならぬ。
> 忠孝の道がホントウにわかる日本人となって世界にお手本を示さねばならぬ。
> これがホントウの皇道である。日本を一番強い国にして世界を導いて行く道である［夢野 2011：363］

頭山の理想は、世界を日本の国体で包むことに帰結する。一つの世界が完成し、争いは消滅する。すべての人類が神のまにまに生きる無邪気な世界。イノセント・ワールドの出現。人々は恍惚の中で溶け合い、無垢な人格が交差する。邪念は吹き飛び、無私の個が微笑む。

頭山は理想を体現する豪傑として崇められ、尊敬を集めた。超国家主義者たちは、頭山の姿に究極の未来を幻視し、そこにあるべき自己を重ねた。

しかし、どうしても疑問が残る。

本当に頭山満は、近代の外部を生きたのか。本当に彼は近代の他者なのか。

頭山は周囲の若者に「一人でいても淋しくない男になれ」と説いた。この言葉は、頭山の名言として語り継がれている。

当然、言葉の主の頭山は「一人でいても淋しくない男だった」と見なされる。誰からも評価されず、誰からも声をかけられなくても微動だにしない人間だったと評価される。

しかし、本当にそうなのか。

間違いなく言えるのは「一人でいても淋しくない男になれ」と言う人間は、一人でいることの淋しさを知る人間だということである。孤独の不安を体験したことがない人間に、この言葉は語れない。

頭山の中にも、近代の苦悩は存在する。頭山は、そんな自己を排除し、〈頭山満〉を生きようとした。彼にとって、生き方のモデルは西郷隆盛だった。彼は西郷のように生きようとした。その意思と志が〈頭山満〉を生み出した。〈頭山満〉は再帰的な存在である。近代の桎梏の中で選び取られた主体である。天然の無垢など存在しない。人は役割を演じることによって、トポスを獲得する。そして、演じられた自己を味わうことで、アイデンティティを獲得する。

頭山は、他者から肌触りを求められた。多くの人が頭山の豪傑や人格に触れたいと思った。頭山のようになりたいと思った。

だから頭山に揮毫《きごう》を求めた。彼は期待に応え、豪快な書を多く残した。一九三五年には『頭山満翁写真伝』という写真集まで販売された。頭山の著作は、彼の語り口をそのまま記録したものが大半を占める。人々が豪快な肉声を求めたためか、語尾の多くは「〇〇じゃ」で終わっている。頭山の身体は消費され、人々の指標として所有された。

しかし、晩年の頭山と実際に会った人は、そのイメージと異なり「繊細な人」、「女性のような人」、「穏やかな人」と口をそろえて証言する。残された声の録音を聞いても、同様の印象を受ける。

頭山満とはいったい何者だったのか？

青山霊園に立つ墓石は、余計なものが削ぎ落とされている。そして、どこか丸みを帯びた優しさを湛えている。

その何気ない姿はどこか物足りないが、それが頭山の実像に近いのだろう。霊園の周りには、次々に高層ビルが建てられている。

私たちはいま、どこに立っているのか。

終章
煩悶と超国家

丸山眞男と橋川文三

超国家主義とは何だったのか。その特質とは如何なるものだったのか。

丸山眞男は戦後間もない一九四六年に「超国家主義の論理と心理」を発表した。丸山はヨーロッパ近代国家の特徴を「中性国家」（カール・シュミット）という概念で捉える。これは「真理とか道徳とかの内容的価値に関して中立的立場をとり、そうした価値の選択と判断はもっぱら他の社会的集団（例えば教会）乃至は個人の良心に委ね」る国家を意味する。国家は国民の内面には干渉しない。何を価値とするかは、個人の自由に任される。国家主権の基礎は、あくまでも「純粋に形式的な法機構」の上に置かれており、「内容的価値」からは距離をとる［丸山2006：13］。

これに対し、明治国家は国民の個別的価値観に介入する。「日本の国家主権は内容的価値の実体たることにどこまでも自己の支配根拠を置こうとした」ため、「国家が『国体』に於て真善美の内容的価値を占有する」こととなった［丸山2006：13–15］。このような国家においては、「私的領域」が存在しない。個の内面までもが天皇に帰一することになる。この「日本の国家構造そのものに内在」する問題こそ、丸山が捉えた超国家主義の特質だった［丸山2006：16］。

丸山の見るところ、近代日本の個人を支えていたのは強い自我意識ではなく、国家権力との合一性にあった。個人は国家によって価値を与えられる。「正しさ」は常に国家によって供給される。そのため、人々は権威への依存から解放され、一個人へとかえると、「弱々しく哀れな存在」に転落する。国家の支えがなくなると、自我の根拠が崩壊し、茫然自失となる。

> 戦犯裁判に於て、土屋は青ざめ、古島は泣き、そうしてゲーリングは哄笑する。［丸山 2006：20］

国家が内容的価値を占有する。そんな状況では、「究極的価値たる天皇への相対的な近接の意識」こそが価値基準となる。官僚や軍人の行動を制約しているのは合法性の意識ではなく「天皇への距離」である。合理性の有無ではなく、天皇に近いか遠いかが、正しさの基準となる［丸山 2006：20–21］。

「自由なる主体意識」を欠如させた国家においては、独裁すら成立しない。指導者たちには開戦の明白な意識がなく、ずるずると戦争の渦中に突入し、責任意識を空洞化させていった。決定の明確な主体など存在しない。決定の合理的理由も存在しない。当然、責任意識もない。ここに「無限遡及」する超国家主義の漸進的性格が表れている。

このような丸山の超国家主義分析に対して、橋川文三は批判的検討を行った。丸山の議論では、近代日本の国家構造が必然的に超国家主義を生み出したとすることによって、明治期の国家主義と昭和初期の超国家主義の漸進的連続性が強調される。しかし、橋川の見方では、両者の間には大きな変化と差異が存在する。橋川曰く「玄洋社・黒龍会に始まる日本国家主義が、自然にそのまま発達して日本超国家主義に到ったというような（もしくはそううけとれるような）、解釈に私はあきたらなかった」［橋川2011：199］。

橋川が注目するのは、超国家主義の担い手に共通する「人生論的煩悶」である。血盟団事件の首謀者・井上日召の手記は、「当時の青年にひろく認められた人生論的煩悶や疑惑の典型的記録」［橋川2011：156］であり、それは「ラジカルな個人主義の様相」［橋川2011：167］を呈していた。その苦悩は「日露戦争前後から、通常の青年をとらえ始めた煩悶と同じもの」であり、「青春期の精神史は、たとえば藤村操とその周辺の青年たちのそれと実質的に異なるところはなかった」［橋川2011：158］。

これは明治初期のテロリストのパーソナリティとは大きく異なる。超国家主義は「自我意識の欠如」が要因となっているのではなく、自我意識の過剰こそが原動力となっている。

超国家主義者たちは、自我の苦悩の中で、宗教に強い関心を寄せた。橋川はこの点を、国家主義一般と超国家主義を区別する重要な特徴として指摘する。

井上（日召―引用者）において目立つことは、普通・絶対・唯一者への宗教的関心の持続ということである。彼の場合は、はじめキリスト教の神へ、次いで禅へ、さらに日蓮宗へと転じているが、この問題が、日本の超国家主義形成とかなり深い関連をもつことは、北一輝、石原莞爾の法華経の場合を想起するだけでも気づかれようし、さらに、その以前の伝統的ナショナリズムの中には、そうした信仰的契機の作用はむしろ認められず、伝統的倫理（あるいは武士道、もしくは国民道徳）が行動原理であったこととの対照によって、いっそう印象的であろう。［橋川2011：158–159］

このような存在論的問いを内在化させた超国家主義者たちは、単なる国家主義者にとどまらず、「国家を超えた人間のヴィジョン」を追求した［橋川2011：190］。橋川曰く、「いわゆる超国家主義の中には、たんに国家主義の極端形態というばかりでなく、むしろなんらかの形で、現実の国家を超越した価値を追求するという形態が含まれていることを言ってもよいであろう」［橋川2011：199］。

橋川によれば、超国家主義は「極端な国家主義」（＝ウルトラ・ナショナリズム）であるだけでなく、国家を超越しようとする価値の追求を含んでいる。その「超越の契機」には、各自の煩悶と宗教の問題が深く横たわっている。彼らは「ラジカルな個人主義」の果てに、超国家主義の「理想」へと邁進した近代的主体である。

以上のような丸山と橋川の議論は、近代日本における個人と国家のあり方をめぐって、一見対立しているように見える。しかし、両者の議論は本質において相互補完的な関係にある。二人の議論を交錯させることによってこそ、超国家主義の本質を把握することが可能となる。

　橋川が指摘するように、超国家主義の土台には、自我をめぐるナイーブな煩悶が存在した。彼らは個人主義的な性質を強く持つが故に、個を超越した存在への合一化を希求した。自我の救済は、超自我の存在によって可能となるという考えが、彼らを宗教へと導いた。

　この志向性が「『国体』に於て真善美の内容的価値を占有する」天皇制国家への帰一をもたらすことになった。理想的価値を体現する国家と同化することは、根源的な自己の救済につながる。「私」は普遍的価値に内包される。絶対的な理想と合一化することによって、人生論的煩悶は解消され、国体ユートピアの中に溶け込むことができる。彼らが「国家権力との合一性」を求めたのは、個の欠如によってではなく、「強い自我意識」の結果だった。

　真善美を体現する国家は、それ自体が普遍的価値を帯びている。そのため、「国家」でありながら「超国家」となる構造をもっている。究極の国家主義は、国家が体現する絶対的価値によって人類を救済する「超国家主義」となる。ここに「極端な国家主義」が「現実の国家を超越した価値を追及する」という論理がうまれる。

　超国家主義を理解するためには、ラディカルな個人主義が全体主義へと反転するパラドクスとともに、内容的価値を占有する国家主義が「国家を超えた人間のヴィジョン」を追求するという逆説を捉えなければならない。

煩悶と自然

日本の近代は、儒教や仏教によって説明されてきた世界観が動揺した不安の時代だった。その中で、立身出世に邁進し、「富国強兵」「殖産興業」という国家の物語に自己同一化することは、不安を超克する方法だった［先崎2010：40］。しかし、明治二十年代に入ると、立身出世に背を向け、自己の存在のあり方に「煩悶」する若者が生まれて来た。これは柄谷行人が「言文一致」という制度の確立に「内面の発見」を見出した時期と重なる［柄谷1988：76］。

「煩悶」という概念が一般化したのは、一九〇三年の藤村操の投身自殺が契機となっている。しかし、この言葉はそれ以前から一部の「先駆者」たちによって使用されてきた。その代表が高山樗牛である。平石典子は、樗牛と国木田独歩を取り上げた上で、「この二人に代表される明治二〇年代の言説のなかで、『煩悶』という言葉が、自己の内面を覗き込む苦悩を表わした特別な語として定着していった」としている［平石2012：21］。

樗牛は一九〇一年、自らの人生を次のように回顧している。

> 予は矛盾の人也、煩悶の人也。予が今日までの短き生涯は、実に是の矛盾煩悶の中に過ご

されたり。予は是の苦痛を解脱せむが為に予の為し得べかりし殆ど総ての方法を尽したり。

［高山1926：725］

彼は自らを「煩悶の人」と称し、煩悶の苦痛から脱出する方法を模索することが、人生だったと総括している。

「煩悶」という言葉を用いていないものの、実質的な「煩悶青年」の先駆者は、北村透谷である。透谷、樗牛らを先駆けとし、藤村操の自殺を契機として、青年の煩悶は一種の流行となった。明治後期には藤村操を模倣する自殺が相次ぎ、自我の苦悩に埋没する青年が続出した。

彼らは精神的苦悩を重ねる中で、宗教に救いを求めた。彼らは自己を超えた世界との一体化を希求し、一なる真理への回帰を志向した。課題は「私」と「世界」を隔てる障壁の排除だった。宇宙全体と一体化することでアイデンティティの絶対性を獲得し、世界との繋がりを回復しようとした。

北村透谷、高山樗牛、藤村操の三人に共通するのは、「自然」との一体化の希求であり、その「自然」観は、ワーズワスやエマーソンからの影響によって構成されている。

ワーズワスにとって、自然とは神の摂理の顕在物である。自然は美しく、ピュアで、永遠である。一方、個我に執着する近代人は、穢れた存在である。純真さを失い、自然から隔絶されることで、神から遠ざかっている。ここに疎外の問題が生じる。

ワーズワスが注目するのは、自然の治癒力である。人間は自然に包摂されることで、本来のイノセントを取り戻す。自然の美しさに心を奪われることで、神の存在に触れる。疎外から解放され、心の平穏を獲得する。

エマーソンは、自然を「一なる存在」の現れと見なした上で、人間の精神も「一なる存在」と繋がっていると見なす。「神」と「自然」と「精神」は、根源的に同一の存在である。この「一なる存在」に肉薄するのが詩人である。神は自然を通じて人間の精神と呼応する。そこに現れたインスピレーションを表現するのが詩人であり文学者である。

北村透谷は、この意味において文学者たろうとした。自然と交わり、深く溶け込むことで、霊感を働かせる。そこに宿ったインスピレーションこそが、神からの啓示であり、その表現が文学だった。厭世感に苛まれていた透谷にとって、文学こそが救済であり、世界と超越性の交点だった。

しかし、文学は世俗的苦悩を全面的には解消してくれない。日常の社会生活では分かち得ない他者との衝突や諍いが絶えない。家族を養い、生計を立てていくためには、何らかの収入が必要不可欠となる。時には不愉快な仕事も引き受けなければならない。資本の論理を無視する訳にはいかない。

透谷の文学は、「実世界」の中で摩耗して行った。社会と交わらなければ生きていくことができない以上、神的自然との完全なる合一は不可能である。透谷は、その現実に堪えることができなかった。残された道は、死を選ぶことだった。

救済としての「超国家」

透谷と同様の厭世感と文学観をもちながら、死とは別の道を切り開こうとしたのが、高山樗牛だった。

樗牛もまた、若き日に自然との同化を文学に求めた。文学は「霊感」の表現であり、そのインスピレーションによって、理想世界と現実世界はつながる。霊的な幸福と救済がもたらされる。そう考えた。

樗牛にとって重要だったのは、進化論の受容だった。有機体論的な社会進化論を説いたハーバード・スペンサーは、明治十年代以降、熱狂的に受け入れられ、明治憲法発布までに総計二十一点の邦訳書が出版された［山下1983：5-6］。スペンサーの議論を吸収した煩悶青年は、「苦悩からの解放」と「世界の有機的統一」を重ね合わせる思考様式を構築して行った。彼らにとって「自己の解放」は「世界の解放」と直結していた。「自己の幸福」は「世界の幸福」と密着していた。

世界は間違いなく進化する。世界は統一され、同時に自己は解放される。進化という希望によって、過渡期の苦悩は克服される。

樗牛は進化論の中に、国家を見据えた。

自然との一体化は、難しい。インスピレーションは瞬間的なものであり、永続性を欠いている。明確な手ごたえが持続しない。実感が恒久化しない。

それに対して、国家は具体的な存在である。国家は国民によって構成される。国家へと帰一することによって、国民と繋がり、団結することができる。億兆が一体となり、心を一つにする。人は国家によって煩悶から救い出され、自己の不安や苦悩から解放される。

樗牛は、実感を求めた。「主我的境地」からの脱却を目指した彼にとって、国家と一体化することこそ、手ごたえのある救済方法だった。

ここに「私」と「一なるもの」の媒介として、「国家」が位置付けられることになる。「私」の内奥に潜む本能は、壮大な「自然」と連続し、「超越」へとつながる。個と宇宙を「国家」がつなぐ。

本能、国家、自然、宇宙、超越――。

すべては一体の存在であり、この世界に具現化されたものが国家である。具体的な国家としての「日本」に帰一することによって「本能の絶対的価値」が発揮され、宇宙との一体化が成し遂げられる。日本主義こそが「私」を救済し、「一なるもの」と合一化させる。

超国家主義を捉えるためには、樗牛が示した国家主義の新しさを摑まなければならない。樗牛の国家主義は、「滅私奉公」という道徳規範とは全く異なる。対外的に国益を追求する現実主義でもない。彼の国家主義は、相対的な道徳を否定した上に成立する霊的な国家主義である。国家は「本能」を抑圧するものではなく、「本能」を解放する存在である。「主我的境地」と「本能」は異なる。立身出世という「主我的境地」と結びついた国家主義は、自己実現の手段に過ぎず、否定しなければならない。相対的な道徳や功利的な世界観を超克したところに、真の国家は存在する。霊的国家は超越と繫がっている。だから、国家によって私は救済され、本能は解放される。

この新しい国家主義こそが、超国家主義を生みだす。

国家は宇宙と一体の存在である以上、具体的でありながら、普遍的でなければならない。国家は相対的な存在ではなく、絶対的な存在である。つまり、国家は国家でありながら、国家を超えている必要がある。真の国家は、国家であると同時に、超国家でなければならない。

――「煩悶の救済」としての「超国家主義」。

これは高山樗牛の新しい国家観の中から生まれたと言える。彼は田中智学の思想から刺激を受ける形で日蓮主義に基づく「超国家的大理想」を構想した。一方、智学は樗牛から刺激を受けることで宗教思想を体系化し、「八紘一宇」という構想を生み出していった。

一九二〇年四月に石原莞爾は田中智学の国柱会に入会するが、そのきっかけとなったのが樗牛の日蓮論だった。石原は姉崎正治と山川智応がまとめた『高山樗牛と日蓮上人』（博文館、一九一三年）を熟読し、日蓮の教えに没入して行った。

石原は、樗牛が日蓮の中に見出した「超国家的大理想」に惹かれた。日蓮の国家観は『日本人』「タル私心」を超えたものであり、日蓮主義による「世界統一ノ天業」こそ目指すべき道だと確信した。国柱会に入会すると、彼は世界統一に向けた軍事的構想を練り、のちに満州事変を決行することになる。

樗牛と智学が結びつくことで、日蓮主義的な超国家主義は影響力を持つにいたった。煩悶青年のナイーブな問いと国家主義的仏教者の世界統一構想が結合することで初発の超国家主義のフォルムは形成され、時代とともに広く次世代に波及して行くことになった。

国体と革新

やがて、煩悶は国体論と結びついていく。国体の原理では、超越的な天皇のもと、すべての国民は一般化され平等化される。国民は天皇の大御心に包摂され、心と心で繫がり合う。疎外など存在しない。賢しらな計らいも存在しない。すべては国体に溶け込み、同一化する。個は救済され、煩悶は解消される。ネーションへの純粋回帰によって、自己と世界は救われる。

三井甲之は芸術表現によって、国体の「渦」の中に溶け込むことを理想化した。倉田百三は、「天皇の勅命」による「絶対的愛」の現前を説き、ファッショ文芸の道を推進していった。渥美勝は神輿担ぎの熱狂の中に自我の解体と全体への溶解を見出し、疎外の超克を模索した。スピリチュアルな国家観は、国体論と結びつくことで、超越的な神秘性を強化した。

超国家主義者たちは、世界の統一という「超国家的な理想」を日本国家こそが成し遂げるべきという構想を共有した。日本は国体という理想に包まれた国家であり、その原理を世界に敷衍することこそが、人類の救済につながると考えたからである。

しかし問題は、当時の日本の状況にあった。君民一体の平等社会であるはずの日本において、格差に苦しむ民衆が存在し、精神的苦悩を抱えた若者が続出していた。これでは国体に基づく理想社会を体現しているとは到底言えず、世界を統一する資格を有しているとは言い難い。「超国家的な理想」を追求するためには、自己の変革と同時に、抜本的な国家改造が必要となる。日本の政治的・経済的状況が本来の理想状態を回復しなければ、自己の救済も世界の救済もあり得ない。

このようなロジックが、超国家主義者のラディカルな国家改造論を生み出した。彼らは〈国家改造→理想国家の確立→世界統一→絶対的救済の成立〉という進化論的な構想を共有し、社会変革と一体化した煩悶の克服を追求した。

国家改造運動の中心には大川周明がいた。大川は終始一貫して、自らの立場を「革新」と位置付けていた。彼は三月事件、十月事件に深くかかわり、五・一五事件にも関与したことから逮捕・検挙され、刑務所生活を送ることになったが、五・一五事件の際の尋問調書で、自らの立場（＝猶存社）を次のように位置付けている。

第一は無政府主義的傾向のもので、故大杉栄氏を其の代表者とします。第二には後の共産党となるもの、第三は後の諸無産政党となれる社会民主主義的傾向のもの、第四は高畠素之氏を中心とせる国家社会主義的傾向のもの、第五は即ち「猶存社」を中心とせるもので、具体的政綱に於ては国家社会主義と類似して居るけれど、其の拠つて立つところの精神的基礎は純乎として日本的なる点に於て前者と異つて居ります。

大川は自らを、アナーキスト、共産党、社会民主主義者、国家社会主義者と同類の革新勢力に位置付けている。そして、自分たちは国家社会主義者と非常によく似ているものの、彼らとの差異は日本的であるという点だと論じている。大川の立場は、日本的国体への回帰によって国家改造を成し遂げる「復古的革新主義」というものだった。

昭和維新運動の活動家たちは、比喩として天皇を太陽に、国民を大地に例えた。太陽は大地に対して、平等に光を注ぐ。これと同様に、天皇は国民に対して、平等に大御心を注ぐ。すると、国民間の格差は取り除かれ、万民が心と心で繋がる民族共同体が生れる。「一君万民」という国体に回帰すれば、平等で理想的な国民社会が実現する。

しかし、明治維新によって国体が回復されたにもかかわらず、現実社会には貧困が存在し、国民間の争いは絶えない。大正から昭和初期の相次ぐ不景気は、社会の疲弊を招き、国民生活を圧迫した。天皇の大御心が存在するにもかかわらず、万民の平等は実現されない。「一君万民」は実態の伴わない空虚な観念に終始していた。

この事態の原因を、超国家主義者は「君側の奸」の存在に見出した。「君側の奸」は「君主のそばに仕える悪臣」である。天皇の大御心を阻害する政治家・官僚・財閥などが、これに当たる。「君側の奸」は、太陽光を遮る雲のような存在になる。

昭和維新を主導した国家改造主義者たちは、暴力による「君側の奸」の除去を狙った。彼らは、雲を排除することによって太陽が姿を現し、大地に燦々と光が降り注ぐと考えた。つまり、テロによって要人を暗殺することで、天皇の大御心が万民に行きわたり、神のまにまに生きる透明な共同体が生れると考えたのである。

しかし、大御心は超国家主義者たちにそっぽを向く。

二・二六事件において「君側の奸」と見なされた重臣は、天皇の側近だった。天皇は、信頼する側近への暴力に激怒し、青年将校たちの蹶起の鎮圧を命じた。

天皇は、青年将校たちを逆賊と認識した。大御心は絶対の存在である。その大御心が、青年将校たちを「敵」と見なした以上、世界は反転する。「君側の奸」が「暗雲」なのではない。青年将校こそが、大御心を阻害する「暗雲」となる。

青年将校たちは、次第に大御心に疑問を持ちはじめる。天皇は、君側の奸によって騙され、大御心を曇らせてしまっている。天皇への赤心が、あろうことか大御心によって踏みにじられる。そんなことがあってはならない。世界が崩壊してしまう。理想が瓦解してしまう。そう考えた。

天皇と国民が一体化しない。君民一体という理念が、幻想化する。すべてが一つに溶け合った透明な共同体など生まれない。イノセントな世界は現前しない。イノセントな人間も存在しない。煩悶は解消されず、人々は疎外から自由になれない。

この冷酷な現実に直面した時、超国家主義も破綻した。二・二六事件裁判で死刑判決を受けた磯部浅一は、激しい口調で天皇を叱責し、その政治を「失政」と断罪した。超国家主義者たちの天皇への恋慕は空回りし、次々に潰えていった。

残されたのは、誰も抗うことのできない、グロテスクな権力だけだった。

統整的理念と構成的理念

政治は「一匹の失意と疑惑と苦痛と迷ひ」に対して無力である。いや、無力でなければならない。最後の一匹を救おうとすれば、グロテスクな全体主義に行きつく。国家権力が国民の心を支配する。

根源的な煩悶を、政治によって解決することはできない。政治にできることは、あくまでも利害の調整である。それが政治のトポスである。異なる他者が共存するための仕組みや制度を整えることが、政治の役割である。

私たちは、永遠の過渡期を生きている。世界はクライマックスになど到達しない。不完全な人間は、不完全な世界にしか生きることができない。私たちは絶対者ではない。

生きることとの不安や苦しみを、政治によって全面的に解消することはできない。共産主義も全体主義もファシズムも超国家主義も、すべて破綻する。世界は完成しない。

それでいい。

私たちが政治の世界で行うべきことは、「永遠の微調整」である。歴史の風雪に耐えてきた制度や慣習を継承し、時代の変化に対応する。他者との価値の葛藤に堪えながら、一つ一つ合意形成を積み重ねていく。その不断の努力が、平穏な日常を支える。

カントは「統整的理念」と「構成的理念」の区別を重視した。前者は実現不可能な高次の理念で、現状に対する批判の源泉として機能する。後者は実現性を前提とした理念で、政党のマニフェストなどはこれにあたる。

人は時に両者の区分を見失う。統整的理念の実現を目指し、現実の急進的な変革を実行する。究極の理想社会を具体化しようとして、暴力に訴える。しかし、人間が不完全である以上、統整的理念は実現されない。

だからといって統整的理念に意味がないのではない。私たちは、統整的理念を掲げることによって、はじめて構成的理念を紡ぐことができる。到達し得ない究極の理念を持つことによって、そこに一歩でも近づこうとする漸進性を獲得することができる。

重要なのは、統整的理念と構成的理念の位相の違いを認識することである。この両者の区別がなされず、統整的理念が構成化されたとき、壮大な暴力的悲劇が起こる。理念を阻害する人間への敵意が顕在化し、ラディカルな熱狂が社会を支配する。

超国家主義や共産主義は、どこまでも統整的理念であり続ける。すべての人間が苦悩から解放された平等な政治共同体など実現不可能である。

戦前の超国家主義の問題は、「超国家」の実現を追求したことにある。煩悶や不安に耐えきれなくなった人間が政治に解決を求めた結果、自我を溶解するスピリチュアルな国家論が登場し、超国家主義へと展開した。

　この轍を、私たちは凝視しなければならない。

あとがき

この本の構想は、約二十年前にさかのぼる。

当時大学生の私は、大阪の映画館で「新世紀エヴァンゲリオン劇場版Ａｉｒ／まごころを、君に」を見た。特にアニメファンでもなく、映画ファンでもない私は、この映画の公開にさしたる関心はなかった。ただ、時間に余裕があったことと、大きな話題になっていたことが相まって、何気なく映画館に入ってみた。夏の暑い日だったことを記憶している。

この映画では、不安や疎外に苦悩する人間が、完全な一つの生命体へと回帰し、救済に導かれるというモチーフが描かれている。人間は歓喜の中で個体としての生命を失い、全体の中に液化する。これが「人類補完計画」として提示される。

衝撃的だった。動揺した。そして、心が震えた。

当時の私は、「宗教とナショナリズム」というテーマに関心をもち、大川周明の思想を追いかけていた。その過程で橋川文三を読み、超国家主義への関心を深めていた。

映画館で頭をめぐったのは、戦前の超国家主義との類似性だった。煩悶をかかえた青年が、世界との一体化を希求し、政治行動へと傾斜する。疎外から解放された無垢なユートピアに溶け込もうとする。超国家主義はエヴァンゲリオンの世界観と繋がっている。そう思った。

真っ先に脳裏に浮かんだのは、三井甲之の詩の一節だった。タイトルは「祖国礼拝」。一九一八年一月一日の『日本及日本人』に掲載された。

国民協力の平等感を
国家社会政策に実現し、
集中と分散と分析と総合と探究と独創と個人と社会と国家と

はて無き海の八重波の同じきうしほにとけ入る如く
小草の葉末にそよぐ微風の
力もあつめて
人の組織を無限の自然に
とけ入らしめよ。
一切の差別は
ここに消え
のこる名はただ原理『日本』。

三井のイメージは「液化」である。すべての日本人が「日本」という原理に溶け込み、無限の自然と一体化する。あらゆる差別や区別は雲散霧消し、民族が一つに還元される。そのことで私の不安は解消され、透明な世界が現前する。

この「液化」への希求が、セカイ系アニメとして再起動しているのを目の当たりにして、「超国家主義はまだ終わっていない」と思った。そして何よりも、満員の映画館の中で、心を震わせている自分を発見した時、戦前の超国家主義者たちへの主体的・内在的関心が湧き起こった。超国家主義に肉薄したいと思った。

それから、戦前の革命家やテロリストの書いたものを読み続けてきた。それは著作物だけでなく、日記や書簡、犯行声明文、警察の聴取記録、裁判記録などにも及んだ。彼らの苦悩に迫るために、できる限り「その場所」にも足を運んだ。空間を共有することで、彼らと対話したいと思った。時に過去と現在が融解し、時間を見失った。時空がねじれた。

本書の執筆を決めた時、どうしても力を借りたいと思ったのが、頭山ゆう紀さんだった。頭山さんの写真と呼応する形で文章を書きたいと思った。

本書のもとになったのは、『ちくま』に二〇一二年九月号から二〇一四年八月号まで掲載された「煩悶と超国家」という連載である。この期間中、頭山さんを「現場」に案内し、必要最小限の簡単な説明だけをして、写真を撮ってもらった。出来上がった写真を見て、私が原稿を書くという手順をとった。

本書に何らかの力が宿っているとすれば、それは頭山さんの写真に依るところが大きい。頭山さん、ありがとうございました。

本書の編集を担当して下さった石島裕之さんは、二〇〇九年にも拙著『朝日平吾の鬱屈』を担当していただいた。今回は写真撮影のほとんどに同行していただき、連載開始から五年半にわたって並走頂いた。いつも優しく励ましていただいたおかげで、何とか本書を書き上げることができた。心から感謝しています。

ブックデザインは、矢萩多聞さんに担当いただいた。信頼する親友にデザインを任せることができる幸せを、いつも噛みしめている。ありがとうございました。

中島岳志

引用文献

朝日平吾　一九六三「死ノ叫声」『現代史資料（4）　国家主義運動（一）』みすず書房

渥美勝　一九九九『日本の宣言』「日本の宣言」刊行事務局

姉崎嘲風（正治）・山川智応

一九一三『高山樗牛と日蓮上人』博文館

新井勲　一九八六『日本を震撼させた四日間』文春文庫

荒原朴水　一九九三『国士佐郷屋嘉昭（留雄）先生とその周辺』面影橋出版

石原莞爾　一九八五『石原莞爾選集1　漢口から妻へ』たまいらぼ

二〇〇一『最終戦争論』中公文庫

磯部浅一　一九六四「二・二六事件　獄中日記」橋川文三編『現代日本思想大系　31』筑摩書房

江川桜堂　一九三三『真日蓮主義の興隆』日蓮会出版部

大川周明　一九八六『大川周明日記』岩崎学術出版社

一九八八『安楽の門』大川周明顕彰会

奥野貫　一九二二『嗚呼朝日平吾』神田出版社

小沼正　一九六八「公判記録」『血盟団事件公判速記録（下巻）』血盟団事件公判速記録刊行会

一九七四『一殺多生』読売新聞社

嘉戸一将　二〇〇九『北一輝——国家と進化』講談社

柄谷行人　一九八八『日本近代文学の起源』講談社文芸文庫

北一輝　一九七二『北一輝著作集　第3巻』みすず書房
倉田百三　二〇〇八『愛と認識との出発』岩波文庫
国柱会　一九八四『国柱会百年史』国柱会
小林勇　一九六三『惜櫟荘主人――一つの岩波茂雄伝』岩波書店
佐郷屋留雄　一九三二「上申書」
一九七四「佐郷屋留雄発北一輝宛（昭和八年七月一一日）」『現代史資料23　国家主義運動3』みすず書房
鈴木貫太郎　二〇一三『鈴木貫太郎自伝』中公クラシックス
先崎彰容　二〇一〇『高山樗牛――美とナショナリズム』論創社
高山樗牛　一九二六『（改訂註釈）樗牛全集第二巻』博文館
一九二七『（改訂註釈）樗牛全集第四巻』博文館
一九三一『（改訂註釈）樗牛全集第六巻』博文館
一九三三『（改訂註釈）樗牛全集第七巻』博文館
田尻隼人　一九四四『渥美勝伝』昭和刊行会
橘孝三郎　一九八九「地方側予審調書謄本」『検察秘録　五・一五事件Ⅱ――匂坂資料2』角川書店
田中智学　一九〇一『宗門之維新』師子王文庫
一九三七a『師子王全集・師子王談叢篇（四）』師子王文庫
一九三七b『師子王全集・師子王談叢篇（六）』師子王文庫
一九三八『師子王全集・師子王談叢篇（十）』師子王文庫
近角常観　一九〇〇『信仰之余瀝』求道発行所
一九〇五『懺悔録』森江書店

中岡良一　一九三四『鉄窓十三年』近代書房

南木性海　一九〇三「故藤村操君の手簡」『政教時報』一〇三号

橋川文三　一九九四『ナショナリズム』紀伊國屋書店

　　　　　二〇一一「昭和超国家主義の諸相」中島岳志編『橋川文三セレクション』岩波現代文庫

原敬吾　一九七三『難波大助の生と死』国文社

菱沼五郎　一九六八「公判記録」『血盟団事件公判速記録（中巻）』血盟団事件公判速記録刊行会

　　　　　一九七一「上申書」『血盟団事件上申書・獄中手記』血盟団事件公判速記録刊行会

平石典子　二〇一二『煩悶青年と女学生の文学誌――「西洋」を読み替えて』新曜社

福田恆存　二〇〇九『福田恆存評論集　第一巻』麗澤大学出版会

藤井斉　一九九〇「故藤井海軍少佐の日記写（抄）」『検察秘録　五・一五事件Ⅲ――匂坂資料3』角川書店

保阪正康　一九九〇『追いつめられた信徒――死なう団事件始末記』講談社文庫

丸山眞男　二〇〇六『新装版　現代政治の思想と行動』未來社

矢吹正吾　一九三三「聴取書」『爆発物取締罰則違反殺人及び殺人未遂（被告人橘孝三郎外十九名）第五冊』

山下重一　一九八三『スペンサーと日本近代』御茶の水書房

夢野久作　二〇一一「頭山満先生」『頭山満思想集成』書肆心水

本書に掲載した写真の撮影場所一覧

ページ	場所	所在地
16	東京タワー	(東京都港区芝公園)
28	華厳ノ滝	(栃木県日光市中宮祠)
36	長谷寺	(神奈川県鎌倉市)
58	「最勝閣」跡周辺	(静岡県静岡市)
68	ダンスホール新世紀	(東京都台東区根岸)
76	国柱会の共同墓地「妙宗大霊廟」	(東京都江戸川区一之江)
86	求道会館	(東京都文京区本郷)
94	住宅街の中の子規庵	(画面中央、東京都台東区根岸)
102	東大農学部キャンパス	(東京都文京区弥生)
110	かつての万世橋駅	(東京都千代田区神田須田町)
122	江戸川橋駅付近を流れる神田川	(東京都文京区関口)
130	大磯の海辺	(神奈川県中郡大磯町)
138	東京駅丸の内駅舎	(東京都千代田区丸の内)
146	霞が関の虎ノ門交差点	(東京都港区虎ノ門)
156	東京駅構内・中央通路	(東京都千代田区丸の内)
166	銀座・西五番街通り	(東京都中央区銀座)
172	三井本館	(東京都中央区日本橋室町)
182	総理大臣官邸前	(東京都千代田区永田町)
190	東京電力亀戸変電所	(東京都江戸川区平井)
200	渋谷区代々木の歩道橋から望む西新宿	
208	国立新美術館別館	(東京都港区六本木)
214	二・二六事件の慰霊碑	(東京都渋谷区宇田川町)
224	国会議事堂	(東京都千代田区永田町)
234	青山霊園の一角に佇立する頭山満の墓石	(東京都港区南青山)
口絵	1…東京タワー(東京都港区芝公園)/2…万世橋(東京都千代田区外神田)、文京区の路地(東京都文京区向丘)/3…江戸川橋駅付近のビル(東京都文京区関口)/4…東京大学農学部グラウンド(東京都文京区向丘)/5…東京電力亀戸変電所(東京都江戸川区平井)、ダンスホール新世紀(東京都台東区根岸)	

本書は、『ちくま』での連載「煩悶と超国家」（二〇一二年九月〜二〇一四年八月）計二四回に加筆・修正し、新たに「終章」を加えて一書としたものである。

中島岳志（なかじま・たけし）
一九七五年生まれ。京都大学大学院アジア・アフリカ地域研究研究科博士課程修了。博士（地域研究）。現在、東京工業大学リベラルアーツ研究教育院教授。南アジア地域研究、近代日本政治思想を専攻。『中村屋のボース』（白水社）で大佛次郎論壇賞、アジア・太平洋賞大賞を受賞。他の著作に『パール判事』（白水社）、『ナショナリズムと宗教』『保守のヒント』（以上、春風社）、『インドの時代』『「リベラル保守」宣言』『親鸞と日本主義』（以上、新潮社）、『朝日平吾の鬱屈』（筑摩書房）、『秋葉原事件』（朝日新聞出版）、『血盟団事件』（文藝春秋）、『岩波茂雄』（岩波書店）、『アジア主義』（潮出版社）、『下中彌三郎』（平凡社）、『保守と立憲』（スタンド・ブックス）ほか多数。

頭山ゆう紀（とうやま・ゆうき）
一九八三年生まれ。東京ビジュアルアーツ写真学科卒業。写真家。写真集に『境界線13』（赤々舎）、『さすらい』（アートビートパブリッシャーズ）『osorezan』（heuristic + artbeat publishers）などがある。

超《ちょう》国《こっ》家《か》主《しゅ》義《ぎ》——煩悶《はんもん》する青年《せいねん》とナショナリズム

二〇一八年三月二五日　初版　第一刷発行

著者　中島　岳志

発行者　山野　浩一
発行所　株式会社　筑摩書房
〒一一一―八七五五　東京都台東区蔵前二―五―三
振替　〇〇一六〇―八―四一二三

写真　頭山　ゆう紀
装丁・レイアウト　矢萩　多聞
印刷・製本　三松堂印刷株式会社

　ISBN 978-4-480-84316-6 C0012

筑摩書房サービスセンター
〒三三一―八五〇七　さいたま市北区櫛引町二―六〇四　電話番号〇四八―六五一―〇〇五三